改訂版

必ず取れる 就労ビザ！外国人雇用ガイド

小島健太郎 著

セルバ出版

はじめに

こんにちは、行政書士の小島健太郎です！

筆者は、出入国在留管理局へのビザ・在留資格申請を専門に行政書士の仕事をしていますが、外国人雇用に伴う「就労ビザ」の問合わせも多くいただきます。留学生を採用した、外国人を中途採用した、または外国人が役員に就任したなど、それぞれの職種にあった就労ビザを取らなければ、日本で働くことはできません。

ちなみに、「就労ビザ」とは、正式な法律用語ではありません。外国人が会社で働くために取らなければならない「在留資格」のことを、慣用表現として「就労ビザ」と一般的に呼ばれているだけです。しかし、慣用表現として、「就労ビザ」のほうが意味がわかりやすいので、本書では「就労ビザ」という表現を使わせていただきたいと思います。

就労ビザは、主に、①【技術・人文知識・国際業務】という専門知識を活かしたホワイトカラーの就労ビザ、②【技能】という調理師や熟練した技能職の就労ビザ、③【企業内転勤】という外国からの人事異動で取る就労ビザ、④【経営・管理】という経営者・役員が取得する就労ビザ、最後に⑤大学生のインターンシップとしての【特定活動】などがあります。

ビザ（在留資格）としては、全部で27種類あります。ただ、27種類があるといっても、外国人雇用に伴う就労ビザは、ほとんどが、今挙げた5種類のビザ（在留資格）の中からどれかを選んで取得するのがほとんどのケースになってきます。

外国人を採用する際に、人事担当者の方がまず確認しておきたいのは、出入国在留管理局から就労ビザを許可してもらえなければ、内定を出しても意味がないということです。したがって、外国人採用担当としては、外国人の応募者が、そもそも御社で就労ビザの観点からも就労可能なのか予測した上で、さらに内定を出したあとは実際に就労ビザを取らなければならないということです。

そもそも、法的に就労ビザが取れない外国人に内定を出しても、のちのちビザが出ないとなれば、採用計画に大幅な変更が必要になってきてしまいます。

本書では、外国人雇用手続の方法、採用後の出入国在留管理局への在留資格申請について具体的な事例を多く取り入れ、重点的に解説いたしました。本書でスムーズに手続を進め、御社の発展にお役立てください！

２０１６年２月

小島　健太郎

改訂版　はじめに

法改正に伴い、２０１９年４月１日をもって、「入国管理局」が「出入国在留管理局」へと名称が変わるとともに、関連様式等にも変更が行われており、それらを盛り込んで修正・加筆しました。

２０２０年３月

小島　健太郎

※「在留資格」と「ビザ」は厳密には違うものですが、本書ではわかりやすくするため在留資格とビザを混同して表現しています。専門家の方にとっては突っ込み所かもしれませんが、読みやすくするためですので、なにとぞご了承ください。

改訂版　必ず取れる就労ビザ！　外国人雇用ガイド　目次

第3章　外国人雇用で企業側が注意すべき点

第4章　業界別の就労ビザ取得のポイント

第5章　就労ビザ申請書類作成ガイド・マニュアル

第6章　業種別の採用理由書の実例サンプル

第7章　就労ビザに関するよくあるQ＆A

第8章　その他の就労ビザにはどのようなものがあるのか

第9章　外国人を雇用した後に注意すべきこと！

第10章　外国人の起業・役員就任・対日投資

第1章　外国人の主な就労ビザはコレだ！

外国人の主な就労ビザには、次の5つがあります。

1　技術・人文知識・国際業務ビザ（専門知識を活かしたホワイトカラー）

就労ビザの中の1つである「技術・人文知識・国際業務」のビザについて説明したいと思います。「技術・人文知識・国際業務ビザ」は、いわゆる「就労ビザ」の中の1つのカテゴリーです。よく誤解されていますが、「就労ビザ」という名前のビザはありません。「就労ビザ」には、実はいくつもの種類があって、「技術・人文知識・国際業務ビザ」はその中の1つです。

専門知識を活かしたホワイトカラーの職種が当てはまり、具体的には営業やマーケティング、経理や貿易などの事務職、通訳や翻訳、デザイナー、SEなどのコンピュータ関連の仕事や、電機や機械系のエンジニアの仕事などが当てはまります。

基本的には、大学や大学院、専門学校を卒業した外国人が就職した場合に取得できるビザ（在留資格）です。そして、この「技術・人文知識・国際業務」ビザが認められるためにはポイント・条件がありますので、それを説明したいと思います。

留学生を新卒採用する場合でも、海外から外国人社員を招へいする場合でも、基準は同じです。

まず、就労ビザは、外国人が個人で申請できるものではなく、企業と契約を結んだ上で、出入国在留管理局に申請します。つまり、内定が出ていて、さらに雇用契約を結んだ上での申請となるということです。

雇用会社側の書類も多く提出する必要があります。大企業の場合は、規模や実績が証明しやすいため、比較的審査が通りやすい側面もありますが、中小企業・零細企業にとっては、会社に関するかなりの書類を提出する必要がありますので、簡単ではありません。事業規模が小さければ小さいほど就労ビザ取得の難易度は高くなります。

取得のための条件は、次の６つです。

⑴　仕事内容と大学での専攻との関連性

まず、仕事内容は、専門性のある職務内容であることが必要です。専門性のある仕事といっても幅広いですが、例をあげると「文系」の職種としては、

・営業
・総務
・経理
・広報宣伝
・商品開発

・貿易
・通訳翻訳
・語学教師
・デザイナー
などがあげられます。その他文系の職種全般です。

「理系」の職種としては、
・システムエンジニア
・プログラマー
・機械系エンジニア
・電気系エンジニア
など技術系の職種全般です。

前記の職務内容が、卒業した大学や専門学校で勉強した専攻の内容を活かせることが必要です。学歴と職務内容がリンクしてないと、就労ビザは不許可となります。

したがって、出入国在留管理局への申請に当たっては、いかに仕事内容と専攻内容がリンクしているかを文書と証明資料で説明できるかが重要です。

ご自分で申請する方は、職務内容の説明がわかりにくく、専攻内容との関連性が不明確、または説明不足で不許可になることがよくあります。本来なら許可になるべき案件でもです。

説明が下手だと、本来、許可になるべき案件も不許可になります。これが入管申請の難しいところです。

⑵ 本人の学歴と職歴

外国人本人の学歴は、重要です。卒業証明書や成績証明書でどんな内容を専攻したのかを確認します。これによって、就職する会社の仕事内容との関連性が審査されます。

では、学歴がない人、例えば高卒の人はどうすればよいのでしょうか。

高卒の場合は、就労ビザは全く取れないのでしょうか。答えとしては、全く取れないということはないのですが、実際、学歴がない方は、許可基準を満たすのはかなり難しく、「3年以上、または10年以上の実務経験があること」が条件になります。

3年の実務経験で就労ビザが取れる仕事と、10年の実務経験が必要な仕事があります。例えば、3年の実務経験で大丈夫な仕事としては、通訳・翻訳や語学講師があります。それ以外のほとんどの仕事では、10年の実務経験が必要になります。

実務経験の証明は、過去の会社から在職証明書をはじめとして、いろいろな書類をもらう必要があります。したがって、もし、前の会社に連絡ができない人は、実質書類を取れないことになりますので、実務経験は証明できないことになります。実務経験で証明する方法がない＝就労ビザの許可は取れないことになってしまいます。

(3) 会社と外国人との間に契約があること

ここでいう「契約」は、通常は雇用契約です。よって証明資料としては、「雇用契約書」を出入国在留管理局へ提出することになります。既に就職が決まっているということの証明となります。

そもそも就職が決まってないと、就労ビザは出ませんので注意してください。少し難易度は上がりますが、雇用契約以外の派遣契約や請負契約でも就労ビザは取れます。

(4) 会社の経営状態

会社の経営状態が安定していることが必要です。そのために、通常は、決算書類を証明資料として提出します。

大幅な赤字決算だと、それは潰れそうな会社である、つまり外国人社員に給料が払えないのではないかと判断されてしまい審査が厳しくなります。

しかしながら、ただ単に赤字だからといって就労ビザが絶対取れないとはいえません。赤字でも、今はこうだけど将来はこんなふうに黒字化になると説明できれば大丈夫です。そのためには、相応の事業計画書をつくって申請書に添付することによって、将来の会社の安定性をアピールすることも重要になります。

また、新しくつくった会社は、実績がありませんし、当然、決算書もつくっていないと思います。新設会社で決算書を出せない場合は、必ず事業計画書を作成して提出する必要があります。

⑸　日本人と同等の給与水準であること

これは、外国人に対する不当な差別は禁止ということです。同じ会社に勤めているのであれば、日本人社員と同じくらいの給料をあげてください、という意味になります。

⑹　外国人本人に前科がないこと

これは、就職する外国人が過去警察に捕まったことはないですかということです。不良外国人には、ビザは出さないという出入国在留管理局の方針です。

ちなみに、２０１５年4月の法改正で、「技術」と「人文知識・国際業務」が合体して1つになり、「技術・人文知識・国際業務」となりました。

もともとは、分かれていました。合体して1つになったことにより、勘違いしている方がいらっしゃるのですが、許可基準は特に変更ありません。

つまり、文系出身者が理系の職種をできるわけでもなく、理系出身者が文系の職種をできるわけでもありません。大学や専門学校の専攻内容と職務内容の関連性が問われるのは、以前と同様に審査ポイントとして重要です。

外国人を雇用する会社の規模について

「会社が小さいのですが、就労ビザは取れますか」という質問をよくいただきます。社員が数名の小さな会社だからといって、就労ビザが出ないということはありません。極論すれば、社長1人の会社でも取れます。

要するに、会社に安定性と継続性があればよく、会社の規模ではありません。新設会社（1期目）の会社で、社長1人の会社でも、事業計画書を通してアピールできれば、外国人社員の就労ビザは取得可能です。

2期目以降の会社は、決算報告書によって安定性と継続性が審査されますが、決算書の内容がよくない場合は、これもまた事業計画書で今後の展開をアピールすることにより十分就労ビザの許可可能性を高めることができます。

一番重要なのは、外国人社員の職務内容と学歴の合致になります。ここがずれていると、いくら会社が安定していても一発で不許可となり得ます。

採用理由書作成上のポイント

採用理由書とは、内定を出した企業がその外国人にどういった職務内容をさせるのか、どうしてその外国人を必要とするのか、ということを明確に説明した書面です。

就労ビザ取得に当たっては、理由書として明確に記載し、出入国在留管理局に提出することが重要です。まずは、内定した外国人の職務内容についてわかりやすく説明していきます。採用理由書に記載した内容の信憑性を高めるため、事務所内の写真や会社案内、カタログ等もあれば添付したほうがいいでしょう。

また、採用理由書だけでは出入国在留管理局側が許可判断ができないということになった場合は、申請後に、より詳細な説明と追加書類の提出が求められることもあります。

派遣社員でのビザ取得

外国人の方で、正社員ではなくて、派遣社員として就職が決まる場合があります。「派遣社員でも就労ビザ取得は可能でしょうか」という質問を受けることがありますが、派遣社員でも就労ビザは取得可能です。

派遣契約の場合に注意する点としては、「派遣先」での職務内容が「技術・人文知識・国際業務」の在留資格に該当しているかどうか、そして「派遣元」の会社との契約期間、給与額、派遣元の財務状況によって「継続性」「安定性」が認められるかどうかが審査ポイントとなります。

フリーランスでの「技術・人文知識・国際業務」ビザの取得

例えば、企業などから仕事を外注されて、フリーランスとしてITエンジニアで働く場合や、通訳者や翻訳者として働く場合もあると思います。この場合、フリーランスの形でも、「技術・人文知識・国際業務」ビザの取得は可能です。

フリーランスは、個人事業主という形となります。本来は、個人事業主として就労ビザの取得は難しいのですが、仕事の契約期間や契約金額、複数社との契約をしているなどで継続性や安定性が認められれば、技能・人文知識・国際業務ビザの取得が可能となります。

ただし、売上の金額がかなり多くなってくる場合や、社員を雇うような規模になってきた場合は、技術人文知識国際業務ビザのままでは範囲外となりますので、経営・管理ビザへの変更を考えなければならなくなってきます。

2　技能ビザ（調理師や熟練した技能職など）

次は、技能ビザについて説明をしたいと思います。

技能ビザの中でも特に多い、外国人のコック・調理師のビザについてです。中国人の中華調理師とか、韓国料理、タイ料理、インド料理などの外国人調理師です。この場合の就労ビザは、「技能ビザ」といいます。外国人が日本で調理師として働くための就労ビザです。

技能ビザは、「熟練した技能がある」ことが条件となります。ポイントは、次の⑴〜⑶の3つです。

⑴　外国人本人に10年以上の実務経験があること

調理師としての実務経験を証明できる在職証明書などで証明します。実務経験については、本当なのかどうか、その店は実在しているのかについて、出入国在留管理局はしっかり調査しています。外国料理人は、10年以上の実務経験が必要です。ただし、タイ料理人に関してだけは、５年以上の実務経験でよいという決まりがあります。

技能ビザは、学歴ではなく、職歴を基準として許可を出します。実は、在職証明書の偽造が多く、出入国在留管理局はかなり詳細な調査をしています。

特に、外国人料理人を海外から招聘する場合を考えてみましょう。日本と海外でテレビ電話を通して面接して採用にいたった場合や、人材紹介エージェントから紹介してもらった場合に、実は実務経験が10年に満たない人材でも、偽造の在職証明を送ってきて、それを受入企業も知らずに出入国在留管理局に提出し不許可になっている、というようなこともよく聞きますので、十分ご注意いただきたいと思います。

⑵　外国料理の専門店であること

お店についてですが、「外国において考案され、わが国において特殊なものについて営業する専門店」が技能ビザ許可の対象となります。

日本料理店、日本のラーメン店やファミレス、居酒屋などは、技能ビザは取れません。

外国料理店のメニューには、外国料理の単品料理もあり、さらにコースメニューもあることが必要です。外国料理の専門店で、日本人にはつくれなさそうな外国料理を提供する料理店で料理をつくる外国人調理師に対して許可される就労ビザが、「技能ビザ」なのです。

(3) 座席数がある一定規模あること

あまりにも小さい店舗では、ビザ取得は難しくなります。例えば、座席が3つしかないというお店では、難しいという意味です。

しかし、座席（椅子）で20〜30席程度あれば基準をクリアできます。

新規開店したばかりで外国人調理師は招聘可能か

オープンしたばかりの店でも、外国人調理師を海外から招聘することは可能です。ただし、開店したばかりで何も実績がない状態ですから、損益計算を含めた事業計画書を作成して出入国在留管理局に提出することが必要になります。オープンしたばかりの店だからといって、技能ビザの許可が下りないということはありません。

よく「何名まで呼べるのか」という質問をいただきますが、お店の規模、席数、売上、事業計画によって変わってきます。呼びたい人数の調理師を雇用する「必要性」が証明できればよいのです。お店の規模に比べて多過ぎと判断されるような場合は、それ以上呼べないということです。お店の新規オープン前でも技能ビザの申請は可能ですが、「飲食店営業許可」は取得済みであることが、申請のための最低条件とはなります。

実務経験年数の数え方

外国人調理師の「技能ビザ」を取得するためには、原則10年以上の実務経験が必要になります。そして、この10年の実務経験があるということを、各種証明書で立証する必要があります。

10年の実務経験の数え方についてよく質問を受けますが、出入国在留管理局の審査基準では、「料理の調理または食品の製造にかかる技能で、外国において考案され、わが国において特殊なものについて10年以上の実務経験（外国の教育機関において当該料理の調理または食品の製造にかかる科目を専攻した期間を含む）を有する者で、当該技能を要する業務に従事する者」となっています。

したがって、実際の実務経験にプラスして、専門学校などで料理について学んでいたのであれば、学生の期間も合算して計算できます。

注意点は、10年以上の実務経験という基準は、1～2か月不足しても不許可になりますので、正確に満10年以上が必要であると考えてください。

領事館でのビザ不許可

外国人調理師を海外から呼ぶ場合を考えます。外国人調理師の採用が決まり、書類を準備して日本の出入国在留管理局へ「在留資格認定証明書交付申請」をし、無事許可になったと仮定します。そして、認定証明書を現地へ郵送し、本人が現地の日本領事館へビザ発給申請をすることになります。

しかし、まれに、日本領事館で不許可になるケースがあります。日本の出入国在留管理局が許可をしているにもかかわらず、領事館で不許可とされるのはどうしてでしょうか。

残念ながら、拒否の理由は一切公表してもらえないため、対応ができません。おそらく現地での審査の過程で、現地でしかわからない理由が判明したのだと考えられます。

そして、領事館で拒否された場合は、日本の出入国在留管理局へ再申請をしてもほとんどが不許可となります。技能ビザの申請にあたっては、他の就労ビザに比べて領事館での不許可が比較的多くなっています。

3　企業内転勤ビザ（国際間の人事異動）

次は、企業内転勤ビザの説明をしたいと思います。

今は、経済のグローバル化で、日本人・外国人を問わず、いろんな国に駐在で仕事に行く機会が増えています。

企業内転勤ビザの対象となる外国人は、人事異動・転勤で日本に来る外国人社員が対象です。

企業内転勤ビザを取得するケースとしては、海外にある日本企業の支社から日本にある本社へ転勤するケースや、その逆に、海外にある外国企業の本社から日本にある支社に転勤するケースが考えられます。

企業内転勤ビザ取得のよくあるパターン

・よくあるパターン①　各国にまたがり展開する国際的企業において、日本で新たに外国人を採用するよりも、海外にある子会社や関連会社から経験のある外国人社員を日本に転勤させたほうが即戦力となる場合

・よくあるパターン②　オフショア開発などの業務を行う会社において、現地の外国人技術者を期間限定で転勤によって日本に呼ぶ場合

・よくあるパターン③　本人が高卒などであるため、「技術・人文知識・国際業務ビザ」の許可基準である学歴の要件を満たせていないが、海外の子会社や関連会社で継続して1年以上勤務した外国人社員を日本に転勤させたい場合

では、この「転勤」の考え方なのですが、

①　親会社・子会社間の異動、
②　本店・支店・営業所間の異動、
③　親会社・孫会社間の異動、および子会社・孫会社間の異動、
④　子会社間の異動、
⑤　孫会社間の異動、
⑥　関連会社への異動

と幅広く、単に親会社から子会社へ異動するよりも幅広く認められています。

【図表１　本店・支店間の異動】

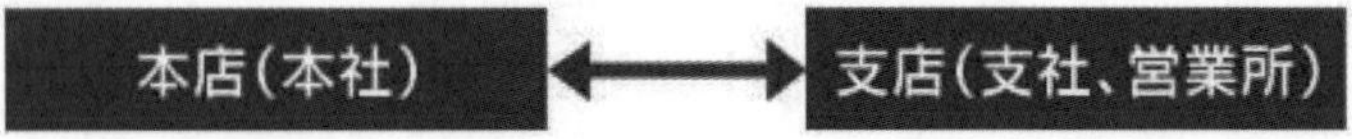

【図表２　親会社・子会社間の異動】

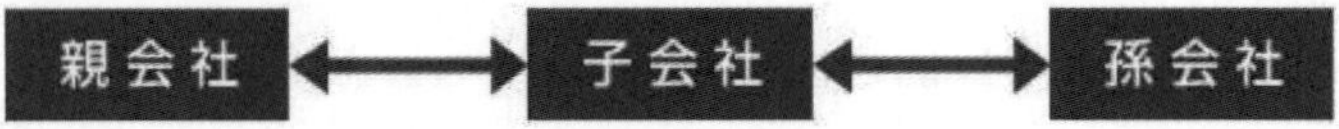

【図表３　子会社間の異動】

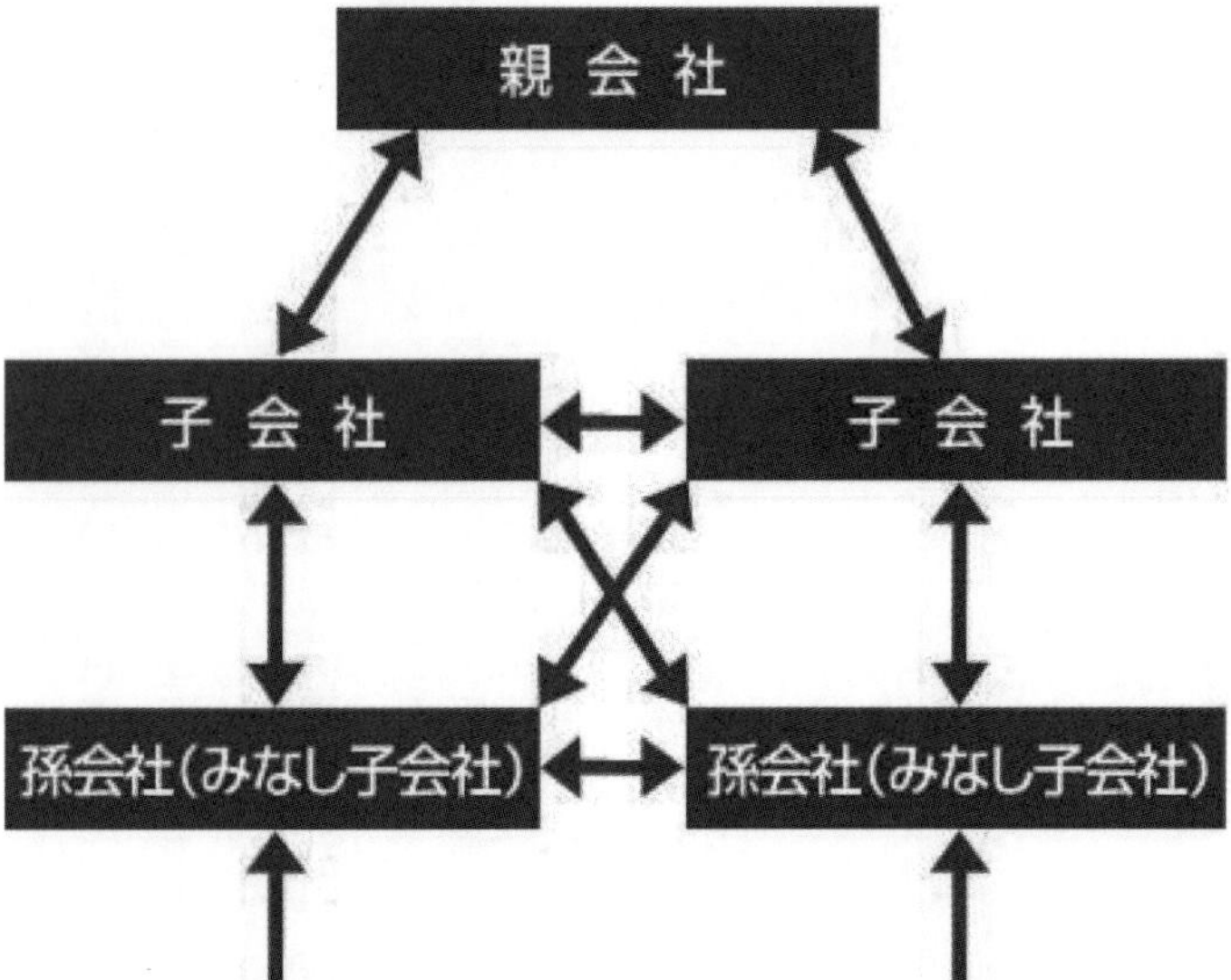

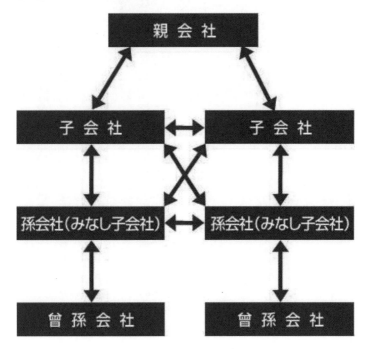

・例1・本店と支店間の異動（図表1参照）…本店（本社）から支店（支社、営業所）、または支店から本店への異動が「企業内転勤ビザ」の対象となります。
・例2・親会社と子会社間の異動（図表2参照）…会社の意思決定機関を支配している会社を親会社といいます。支配されている会社が「子会社」です。孫会社もその親会社の子会社とみなされます。これらの間の異動は「企業内転勤ビザ」の対象となります。
・例3・子会社間の異動（図表3参照）…子会社の間の異動についても、「企業内転勤ビザ」の対象とされます。孫会社の間の異動、子会社と孫会社の間の異動についても企業内転勤ビザの対象となります。

企業内転勤ビザでできる職務内容の範囲は、「技術・人文知識・国際業務」で行うことのできる仕事範囲になります。

また、企業内転勤は、他の就労ビザで要求される学歴や実務経験の要件がありません。学歴や実務経験の要件がないのですが、もちろん、学歴や実務経験があったほうが有利に判断されるのは当然になります。

企業内転勤のポイントは1つのみ、「直近1年間に外国にある本店や支店で勤務していること」です。

企業内転勤ビザの要件をまとめると、次の2つです。

①　申請にかかる転勤の直前に、外国にある本店、支店その他の事業所において1年以上継続して

「技術・人文知識・国際業務」に当たる業務に従事していること。

② 日本人が従事する場合に受ける報酬と同等額以上の報酬を受けること。

この①と②の両方の要件を満たす必要があります。大卒の要件はありませんが、単純労働は認められません。

また、国際間での転勤であることを証明するために、正式な辞令などを書面で出入国在留管理局に提出した上で、外国にある会社と日本にある会社に資本上どのような関係性があるかを書類で証明することが重要です。

4 経営管理ビザ（経営者・役員）

次は、経営管理ビザについて説明したいと思います。

「経営・管理」ビザは、外国人経営者や役員が取得する必要があるビザです。2015年4月から【投資経営】という名前から【経営管理】へ名称が変更になりました。

筆者のお客様で特に多いのは、中国人の経営者と、韓国人の経営者の方です。日本でビジネスをスタートして成功したいと思っている外国人が、年々増えているようです。また、外国人が日本企業の役員に就任するケースも多くなっています。

経営管理ビザの取得で多いパターンは、次の４つです。

①　一定期間日本でサラリーマンとして働いた後に起業する
②　母国で会社を経営していて、日本進出する
③　留学生が卒業後に就職せず会社経営を始める
④　日本企業の役員に就任する

まず、経営管理ビザにいえるのは、自分でお金を出してビジネスを始めるのか、自分でお金は出さずに、いわゆる「雇われ社長」、もしくは「役員就任」するかで要件が異なってきます。つまり、オーナー社長か雇われ社長・役員かという違いで、ビザ取得要件が異なってくるということです。

出資して経営管理ビザを取るための基本的条件

・５００万円以上の出資
・自宅とは別の事務所を確保
・学歴要件はなし

出資せずに経営管理ビザを取るための基本的条件

・役員などの会社を管理する職務に就くこと
・３年以上の事業の経営または管理の実務経験があること（大学院で経営や管理を専攻した期間を

含めることができます)。

・相応の規模の会社の役員になること（小さい会社では出資せず役員就任による経営管理ビザの取得は難しくなります)。

従業員2人以上の雇用について

「これから日本で会社設立を考えていますが、経営管理ビザを取る場合には、必ず2人以上の社員を雇用しなければならないのでしょうか」と質問を受けることがありますが、2人以上の社員を雇用しなくても経営管理ビザは取得可能です。

経営管理ビザの取得要件は、「2人以上の社員を雇用する規模の事業であること」ですが、500万円以上の投資が行われていれば、2名以上の社員の雇用はしなくても問題ありません。

500万円以上の投資がされていれば、2名以上の規模の事業だとみなされるわけです。実際には、社員を雇用せずに、社長1人でも経営管理ビザ取得は可能です。

5　特定活動ビザ（インターンシップ）

海外在住の外国人大学生を、インターンシップで日本に招聘する手続について説明します。

【図表４　インターンシップの場合のビザ】

会社から給与が出る場合	会社から給与が出ない場合	
期間：最長1年を超えない期間まで	滞在期間が**90日を超える**（最長1年を超えない期間まで）	滞在期間が**90日を超えない**
特定活動ビザ	**文化活動ビザ**	**短期滞在ビザ**

※外国の大学の単位取得の対象とならない⇒ビザ取得不可
※通信教育課程の外国人学生は対象外です。

外国の大学の外国人学生が、その大学の教育課程の一部として、インターンシップによって日本に来る場合にビザが認められます。つまり、「教育課程の一部」ということなので、ビザが認められるためには、外国人学生がインターンシップに参加することによって、単位が認められる必要があります。単位が認められない場合は、インターンシップとして外国人学生は呼べません。

インターンシップについては、現地の大学と、日本側の会社の間にインターンシップに関する契約書をつくる必要があります。その中に、単位として認める記載も必要です。

なお、ここでいう大学の教育課程とは、卒業または修了した者に対して学位が授与される教育課程であることが必要です。そして、インターンシップとして認められる期間ですが、1年を超えない期間で、かつ、通算してその大学の修業年限の2分の1を超えない期間となります。つまり、4年制大学の場合は、最長で2年となります。

インターンシップの場合には、①特定活動、②文化活動、③短期滞在の３つの中のどれかになります。

どのビザを取得しなければならないかは、期間と報酬が出るか出ないかです。報酬が出る場合は、「特定活動ビザ」になります。報酬が出ない場合は、「文化活動ビザ」か「短期滞在ビザ」になります（図表4参照）。

企業側が気をつけなければならない点は、特定活動ビザで給与を支給する場合の税金です。給与額に特に制限はないのですが、所得税は「居住者」か「非居住者」（1年未満の日本滞在が見込まれる者）かによって課税が違います。非居住者の場合は、20％の源泉徴収をする必要があります。

文化活動、短期滞在の場合は、実費支給なら給与には当たりません。例えば、交通費（航空券含む）や家賃補助や食費等が当たります。この場合は、支給してもかまいません。そして、これらについては、所得税法上、「非課税」の扱いとなります。

特定活動ビザは、報酬が発生しますので、就労ビザの1つとして考えられ、大学の専攻と職務内容が許可・不許可に影響します。

しかし、その他のインターンシップのビザ（在留資格）である「文化活動」「短期滞在」の場合は、外国の大学の専攻に関係なく取得できます。

第2章　外国人社員の募集形態別のポイント

1　留学生を新卒採用する場合

外国人留学生を新卒で採用する場合は、留学ビザから就労ビザへの「在留資格変更許可申請」をしなければなりません。

例えば、「留学」から「技術・人文知識・国際業務」への変更申請がそれに当たります。

日本の出入国在留管理局は、いわゆるホワイトカラー層の職種に就労を許可しており、単純労働とみなされる職種に対しては、就労ビザを許可しておりません。

留学ビザから就労ビザへの在留資格変更許可申請は、留学生本人が出入国在留管理局へ出頭し、手続をしなければならないように法律上なっています。したがって、会社が、留学生本人の代わりに代理申請できるものではありません。

会社が用意する書類は、たくさんありますが、申請は本人が行わなければなりません。外国人留学生本人に申請を任せるのが不安な場合は、筆者のような専門の行政書士にご依頼いただいたほうがスムーズかと思います。「出入国在留管理局申請取次行政書士」の資格をもっている行政書士は留学生本人の代わりに書類作成と申請を行うことができます。

留学生の新卒については、3月は大学が春休みということもあり、母国に帰省をしたり、卒業旅行に行く留学生も多くいます。

したがって、新卒留学生の就労ビザについては、早めの申請を心がけることと、申請のスケジュール管理が重要になります。

4月1日から入社を予定している場合、4月1日までにビザの切替えが済んでいなければ、「留学ビザ」のままとなります。留学ビザは、フルタイムでの就労はできないビザです。つまり、入社できたとしても、就労を開始できるのは、就労ビザの許可が出てからとなります。

そのような事情を踏まえ、出入国在留管理局では、4月入社の外国人留学生については、前年の12月1日から申請が可能という対応をとっています。

したがって、できれば12月から、遅くても2月上旬くらいまでには、申請を済ませておきたいところです。なぜなら、審査は、通常1か月～1か月半はかかるからです。

新卒留学生のビザ変更は、学士取得や専門士取得が条件となっているため、ビザ変更許可後の新しい在留カード受取時に、卒業証書の原本提示が求められます。つまり、3月の卒業式が終わらなければ、審査が終わっていても新しい在留カードが受け取れません。

仮に12月中に変更申請を出しても、3月の卒業式で卒業証書を取得し、出入国在留管理局に提示して初めて最終的に許可されます。

注意点は、申請が3月中旬以降と遅くなってしまった場合は、4月1日までに就労ビザが許可されない可能性が高くなることです。

留学生に内定を出し、4月1日入社までに就労ビザの許可が出てない場合は、許可されるまで就労はできません。許可がなされるまで勤務を待つ必要がありますのでご注意ください。

したがって、外国人留学生については、12月1日から申請を受け付けており、企業側としても十分な時間的余裕をもって準備を進めたいところです。1月～5月は、出入国在留管理局が大変に混雑する時期ですから、審査期間も長引きがちです。余裕をもって準備をしたほうがよろしいかと思います。

日本は、海外から年々留学生が増えてきており、日本の大学や大学院、専門学校や日本語学校に各国から来日している状況です。日本に来ている留学生は、中国人が一番多いですが、韓国人やその他東南アジア諸国からの留学生も増えてきています。もちろん、欧米からも来ています。

留学生は、日本の大学生と同じ時期に就職活動を行っているのが現状で、外国人留学生就職フェアのような留学生を採用したい企業の就活セミナーも活気があります。

留学生を採用する際に、企業側が注意しておかなければならないのは、就労ビザが取れなければ内定を出しても意味がないということです。

一番重要なポイントは、職務内容と留学生の専攻内容に関連性が認められないと就労ビザはおりません。つまり、SEとして働いてもらうためには、情報処理関連の単位を取得している必要がありますし、会計を担当してもらう職種であれば、会計にかかわる単位を取得している必要があるということです。

そのため、御社で募集している職務内容と関連している専攻科目を履修している留学生の中から選考を行っていかないと意味はありません。わかりやすくいえば、ファッションを専攻した留学生をSEとして内定を出しても就労ビザは取れません。

留学生の場合は、毎年3月に卒業するのが一般的で、4月入社するのが普通です。「留学」→「技術・人文知識・国際業務」に在留資格変更許可申請をすることになりますが、本人の学歴関連の資料はもちろんのこと、企業側も登記事項証明書や会社案内、決算書等を提出します。

さらに重要なのは、新卒留学生に担当させる予定である職務内容を詳細に文書にまとめて説明することが求められます。

これは、どのような仕事を具体的にやってもらうのかの説明文を文書にまとめます。これを「採用理由書」、または「申請理由書」といいます。

一般的にですが、専門学校卒業生のほうが、大学・大学院卒生よりも学校の専攻内容と職務内容との関連性を強く問われます。

また、日本語学校卒業のみの学歴では、就労ビザは取れません。もちろん、日本語学校卒業の留学生であっても、海外で大学を卒業後に日本語学校に入った場合は、海外の大学卒ということで学歴要件は満たすことができます。

留学生が就職できずに卒業してしまった場合、1年間を限度に就職活動を目的として「特定活動」というビザ（在留資格）を取得することができます。第二新卒などは、「特定活動」を持っている外国人が多いと思いますが、この「特定活動」→「技術・人文知識・国際業務」への変更も就労ビザ取得のための条件は同じになります。

2　転職の外国人を中途採用する場合

外国人を中途採用する場合に、まず注意すべきことは、その外国人が持っているビザ（在留資格）が応募職種に適合するかどうかです。

例えば、「技術・人文知識・国際業務」の在留資格を持っている外国人を、飲食店の調理やホールとしては働かせることはできません。

就労ビザの基礎知識がない採用担当者が、そのあたりのことをあまりわかっていないと、安易に違法な採用をしてしまい、入管法違反となりかねません。

応募してきた外国人は、既に日本にいるということは何かしらのビザ（在留資格）を持っていると思いますが、ビザはただ持っていればよいというのではなく、職種にマッチした就労可能なビザを持っている必要があります。

別の会社で働いていた外国人を社員として中途採用した場合に、その外国人が自社で働けるかどうかをしっかりと確認したい場合は、出入国在留管理局に対し「就労資格証明書交付申請」を行い、就労資格証明書を取得するという手続があります。

就労資格証明書とは、外国人の経歴や学歴と、自社の登記事項証明書や会社案内、財務内容を証明する書類を出入国在留管理局に提出して、その外国人が「現在持っている就労ビザを継続したまま転職後も働ける」ということを証明した書面です。

就労資格証明書を取得できれば、御社で働くことは問題ありませんので、安心して雇用ができるということになります。

なお、日本人の配偶者、永住者や永住者の配偶者、定住者の在留資格を持っている外国人は、就労制限がありませんので、日本人と同じようにビザを気にすることなく働いてもらうことができます。

社会保険の加入や、年末調整などのため前職の源泉徴収票を受け取ることなどは、日本人社員と同じ手続になります。

3　海外で採用を決め日本に呼ぶ場合

例えばですが、ＩＴ業界の慢性的なエンジニア不足から、海外から外国人エンジニアを採用しようという場合や、海外の人材紹介会社から人材を紹介してもらって直接日本へ招聘するような場合、また、海外の有名大学の優秀な新卒者を採用して日本に招聘したい場合、将来の現地拠点の幹部として採用し一定期間日本で実務をやらせたくて日本に外国人スタッフを呼ぶという場合など、海外で採用を決め日本に呼ぶというパターンも多いです。

これらのほとんどのケースで取得する就労ビザの種類は、「技術・人文知識・国際業務」となるはずです。面接をする際には、単に履歴書のみではなく、卒業証書や成績証明書も一緒に提出を求めたほうが、「採用した後に就労ビザが取れるのか」という観点からも判断材料となります。

履歴書や面接では、よい人材と判断できても、そもそも就労ビザが取れなければ意味がありません。また、日本に呼ぶに当たっては、日本語能力を証明する書類があれば在留資格審査上有利ですし、全く日本語ができない場合だったら、英語の能力を証明する書類があれば有利です。

一概に不許可とは言い切れませんが、気をつけたいのは、日本語が必要とされる職種で採用を決めたのにもかかわらず、本人が日本語が全くできない場合は、どうやってその職務を遂行するのかについて矛盾が生じますので注意が必要です。

海外在住外国人との面接・採用を決めた後の手続としては、次の2パターンがあります。

① 在留資格認定証明書の申請↓海外の現地日本大使館で就労ビザを取得し来日する方法

② 短期滞在で来日↓在留資格認定証明書の申請↓日本で在留資格変更申請する方法

① 在留資格認定証明書の申請↓現地日本大使館でビザを取得し来日する方法

この方法を取るのが一般的な手続の流れとなります。日本雇用企業が日本の出入国在留管理局に在留資格認定証明書交付を申請し、取得できたら外国にいる外国人内定者へ送付し、本人が現地日本大使館に対しビザ申請をして来日する流れです。

② 短期滞在で来日↓在留資格認定証明書の申請↓日本で在留資格変更申請する方法

韓国や台湾、欧米などは、ノービザで短期来日できる査証免除国です。査証免除国出身の外国人は、簡単に来日できますので、来日しているのにビザだけのために、わざわざ1回母国に帰って手続をしたくないという需要があります。

その場合に、短期で来日中に「在留資格認定証明書」の申請をして、短期滞在期間中に許可になった場合、それを添付して在留資格変更許可申請をするという方法です。

変更許可申請の審査は、既に認定証明書交付申請での審査で終わっていますから、比較的すぐに許可されます。外国人の出身国によっては、当日許可されます。当日許可かそうでないかは、国によって対応が異なっています。

注意点としては、この②の方法は、例外的方法として扱われますので、必ずできるというわけではありません。法律上は、短期滞在からの在留資格変更申請は認められていないからです。しかし、実務上は、ほとんどのケースで認められているのが現状です。

また、認定証明書交付が短期滞在期間中に許可されなければ、必ず出国しなければなりません。認定証明書の申請をしたからといって、短期の在留期限が過ぎればオーバーステイとなりますので、くれぐれもご注意ください。

4　外国人を役員に就任させる場合

日本でも、外国人の社長が就任したり、外国人の役員を迎え入れるというケースも増えてきました。

外国人が起業し、自ら５００万円以上出資して、オーナー社長となって経営管理ビザを取得するのではなく、外国人が出資なしで会社の役員に就任する場合を考えてみます。

この場合の就労ビザは、「経営管理」となります。

役員に就任する外国人が、自ら出資せずに「経営管理」のビザを取るための要件は、「事業の管理または管理について3年以上の経験（大学院において経営または管理にかかる科目を専攻した期間を含む）を有し、かつ、日本人が従事する場合に受ける報酬と同等額以上の報酬を受けること」という要件があります。

以前は、外資企業にのみ認められていた「経営管理（旧投資経営）」ですが、２０１５年4月の法改正からは、外資か日系かにかかわらず、経営管理ビザを取得することができるようになりました。

出資せずに役員に就任し「経営管理」のビザを取得するには、本人の要件として、管理の経験が3年以上あるということを証明できることが必要です。

また、勤務先の会社としては、実際に事業所が存在し、かつ、ある程度規模の大きな会社でなければ、実際上は許可されにくいです。

5　海外の親会社や子会社から転勤してくる外国人を受け入れる場合

国際的に拠点を持っているグローバル企業にとっては、外国人社員の国際間の人事異動で、日本に移動させることも多くあると思います。実際、日本人社員が海外へ駐在というのはよくある話で、その逆バージョンと考えればよいでしょう。外国人が、辞令で日本への駐在を命じられ来日するパターンです。

この場合の多くは、「企業内転勤」という就労ビザを取得するか、場合によっては「技術・人文知識・国際業務」の就労ビザを取得しなければなりません。

「企業内転勤」ビザは、1年以上外国の法人で勤務していた実績があれば、それを証明することにより、「技術・人文知識・国際業務」と同じ職務範囲の仕事をするという条件で取得できるものですが、日本法人と外国法人の出資比率などを証明する資料等、提出すべき書類は多くなります。

「企業内転勤」は、本人の学歴が問われないというのが、この就労ビザの特徴です。

通常の就労資格である「技術・人文知識・国際業務」は、本人の学歴と職内容の関連性が許可ポイントなのですが、「企業内転勤」は学歴不要です。

その代わり、日本法人と外国法人の資本関係を証明する各種書類の提出と、その翻訳作業が発生します。

外国人本人に大卒などの学歴がある場合は、日本法人と外国法人の資本関係の書類提出の手間を省くために、「技術・人文知識・国際業務」で呼ぶという選択肢もありです。

また、役員として呼ぶ場合は、「経営管理」という在留資格になります。こちらは、本人が投資して会社をつくるパターンではなく、役員就任として経営管理を取得するパターンに該当しますので、本人の経営管理としての実務経験年数3年以上というのが問われます。

6　外国人を派遣社員で受け入れる場合

派遣社員として外国人を雇用する場合にも、就労ビザを取得することは可能です。派遣社員というのは、派遣会社、つまり派遣元に雇用されています。派遣会社に雇用された社員が、派遣先の会社で働くことになります。

直接の雇用関係が派遣元との間にあるため、派遣元会社がスポンサーとなり、就労ビザの申請をすることになります。

派遣社員として就労ビザを取るための審査は、3つあります。①外国人本人審査、②派遣元会社の審査、③就労先会社の審査の３つです。

①　外国人本人審査

本人の学歴や関連した職務経験年数が問われます。

②　派遣元会社（雇用主）の審査

必要な営業許可を取得しているか等のコンプライアンス、財務状況など企業としての継続性・安定性が問われます。

③　就労先会社（派遣先）の審査

どんな職務内容で、どのような業務を担当するのかということです。職務内容に関しては、基本的に「専門的・技術的」な職務内容に限られます。つまり、ホワイトカラーの職種に限定されます。例えば、「技術・人文知識・国際業務」を取得したのなら、「技術・人文知識・国際業務」で認められている職務範囲内での仕事が可能です。通訳・翻訳として雇用され派遣されているのに、就労先で清掃や調理補助のような単純労働をさせることはできません。

7　家族滞在ビザを持つ外国人を正社員として採用する場合

外国人の夫婦が日本に在留していて、一方が会社に勤務し就労ビザを取っている場合、一方が働いていない場合は、働いていないほうのビザは「家族滞在」となります。

例えば、夫が就労ビザで、妻が主婦で働いていない場合は、妻は「家族滞在」というビザになります。夫に扶養を受けている場合です。

家族滞在ビザは、就労が認められていないビザですが、「資格外活動許可」を取ることで週28時間まで就労が可能になります。資格外活動許可は、比較的簡単に取れます。

家族滞在ビザでアルバイトとして勤務していた外国人を、フルタイムの正社員として採用したい場合に、家族滞在ビザから就労ビザに変更はできるのでしょうか。

この際に考えるべきことは、本人の学歴と職務内容です。まず、正社員とはいえ、レジやホールのような単純作業とみなされる職種は、正社員として採用したとしても就労ビザは取得できません。

本人の学歴が海外の大学卒業、または日本の大学や専門学校卒業の場合で、その専攻内容が入社する会社の職種と関連性がある場合は、家族滞在ビザから就労ビザへの変更ができる可能性があります。

8　身分系のビザを持つ外国人を採用する場合

身分系のビザとは、「日本人の配偶者等」「永住者」「永住者の配偶者等」「定住者」の在留資格です。これらの在留資格を持っている外国人は、就労するに当たってなんの制限もありませんので自由に働けます。日本人と同じです。したがって、新規に就労ビザを取得する必要はありません。

また、帰化した外国人は、日本国籍者なのでもちろん就労制限はありません。

外国人を雇用する場合に、一番面倒がないのが、身分系のビザを持つ外国人を採用する場合です。簡単に説明すれば、「日本人の配偶者等」は日本人と結婚している外国人、「永住者」は日本の永住権を取得した外国人、「永住者の配偶者等」は永住者と結婚している外国人、「定住者」は親の連れ子として来日した外国人や日系人（日系ブラジル人・日系ペルー人）などです。

就労制限がないということは、単純作業や肉体労働、レジや販売、工場の仕事でも制限なく雇用可能です。

「日本人の配偶者等」と「永住者の配偶者等」のビザは、仮に配偶者と離婚すれば更新ができなくなります。そのため、外国人社員が離婚した場合、「日本人の配偶者等」のままでいることができませんので、雇用継続に当たっては注意が必要です。

結婚生活が3年以上で子どもがいる場合は、離婚後に「定住者」へビザ変更ができる場合もあります。したがって、離婚したら、速やかに「定住者」への変更を検討したほうがよいでしょう。

9　短期滞在で日本に来ていた外国人に内定を出した場合

観光や短期滞在で日本に来ている外国人が、日本で就職活動をしている場合があります。短期滞在で来日している外国人と面接をして内定を出すのはかまいませんが、「短期滞在」では就労が絶対にできませんので、採用してそのまま働いてもらうことはできません。

結局のところ、きちんとした就労ビザを取らなければならないのですが、短期滞在の場合は、「在留資格認定証明書交付申請」をする必要があります。

また、採用に当たっては、事前に就労ビザが取れるのかということを確認するために、卒業証明書と成績証明書は本人から取得しておいたほうがよいでしょう。

「在留資格認定証明書」は、申請してから平均的に審査期間が約1か月~2か月程度です。基本的な手続としては、在留資格認定証明書が交付されたら、それを持って母国の日本大使館へ提出しビザをもらって、再度来日する流れです。

ただし、日本に短期滞在中に在留資格認定証明書の交付が間に合った場合は、いったん帰国することなく、在留資格認定証明書を添付して、再度「在留資格変更許可申請」をすることにより正規の就労ビザを取得することが可能になります。

10　外国人をアルバイトで雇用したい場合

最近、日本では、コンビニや飲食店で、中国人や韓国人が働いている光景を目にする機会が増えてきました。多くは、アルバイトとして雇用されています。

そこで、外国人をアルバイトで雇用する場合に、入管法上、特に気をつけるべき事項について説明したいと思います。

アルバイト雇用であったとしても、その雇用方法が不法就労に当たる場合は、雇用主も逮捕されてしまう場合があるのでご注意ください。実際に逮捕されてニュースになっているケースも多々あります。

留学生を雇う場合の注意点

外国人留学生は「留学」というビザで日本にいます。留学生は、大学などで勉強をするために日本に来ているという建前上、基本的に就労ができないのですが、「資格外活動許可」を取れば週28時間まではアルバイトができます。

例外的に、夏休みなど長期休暇中の期間は、学校が休みということで、週40時間まで就労が可能です。

ちなみに、28時間の上限を超えて働いている留学生がいるようですが、留学ビザの更新ができなくなったり、就職が決まっても就労ビザへの変更申請が不許可となったりしますので、28時間を超えて働いてもらうのは本当にやめておいたほうがよろしいと思います。課税証明書や納税証明書、その他の各種書類によって発覚してしまいます。

家族滞在ビザの外国人を雇う場合の注意点

家族滞在ビザも、留学生と同じく、資格外活動許可を取得しなければなりません。資格外活動許可を取得すれば、週28時間まで就労可能ですが、留学生のように夏休みは週40時間まで就労可というような就労時間の緩和がなく、1年を通して週28時間までという就労制限があります。

「日本人の配偶者等」、「永住者」、「永住者の配偶者等」、「定住者」の外国人を雇う場合の注意点

これらのビザは、就労制限がありませんので、日本人と同様に働くことができます。

「技術・人文知識・国際業務」の外国人を雇う場合の注意点

この在留資格は、通常は、フルタイムの社員として働くために与えられている就労ビザです。アルバイトとして働くための就労ビザではありません。別の会社で本業があるはずであり、その会社の書類を提出した上で取得できた就労ビザです。

したがって、アルバイトするためには、「資格外活動許可」を取得する必要がありますが、留学や家族滞在の資格外活動許可のように簡単には審査が通りにくい側面があります。飲食店やコンビニなどの単純労働では、まず許可がおりません。

第3章　外国人雇用で企業側が注意すべき点

1　外国人雇用に必要な法知識とは

外国人を雇用する際に知っておかなければならない法律は、入管法です。日本人の雇用であれば、労働基準法や労働社会保険についておさえておけばよいのですが、外国人の場合は、それにプラスして入管法の知識が必要になります。

労働基準法や労働社会保険については、日本で働くのですから、外国人も日本人と同じく適用になります。

その上で、外国人の雇用に当たっては、入管法に違反しないように配慮する必要が生じます。小規模の企業であれば、社長自らがしっかり把握しておくことが必要ですし、一定の規模の企業になってくれば、採用を担当する現場レベルでも、最低限入管法を理解する必要があります。外国人社員のビザ・在留資格管理の社内体制を整備することも必要だと感じます。

入管法違反には、不法就労防止の観点から厳しい罰則があります。思わぬところで足元をすくわれないように、外国人採用の実務担当者には教育も必要かと思います。

不法就労となれば、雇用主が書類送検されたりもします。労働基準法や労働社会保険の専門家は「社会保険労務士」ですが、入管法の専門家は「入管申請取次行政書士」です。専門家の活用もオススメです。

2　就労ビザの基本ポイントは押さえておく！

外国人を採用する企業にとっては、最低限「ビザ・在留資格」の基本についてだけは、知識として持っておく必要があると思います。細かいルールを知っておく必要はありません。専門的な内容は、筆者のような出入国在留管理局申請取次行政書士に質問すればよいと思います。

外国人の就労に関しては、入管法で規制があり、かつ違反者に対しては企業側も、外国人本人にも罰則がある以上、無知ではいけないと思います。

まず、第1には、現在持っているビザで定められた範囲を超えて仕事をすることはできないということです。

一番勘違いしやすいのは、職種についてです。職種によって取得すべき就労ビザが違いますし、入社後に配置転換などで職種が変わったりした場合は、ビザの種類を変更する必要が発生するかもしれません。ビザの種類ごとに職種も違うので、範囲外の仕事はできません。

また、中途採用で、既に前の会社からの就労ビザを持っている外国人を採用する場合、就労ビザを持っているからといって安心してはいけません。その就労ビザは、前職の会社で働くために取ったものであり、有効期限が残っているだけです。前職で取った就労ビザのまま働くのではなく、自社で手続をとるべきです。

第2に、ビザの期限の管理を会社でしっかり行い、外国人本人任せにしないということです。ほとんどの外国人社員は、自分の在留期限には敏感で、自分のことは自分で把握していると思います。オーバーステイになって困るのは本人ですから。しかし、一定割合で、無頓着な外国人社員がいるのも現実です。本人が期限に無頓着でなかったとしても、忙しすぎて忘れていたとか、海外出張が重なり更新のタイミングを逃したなどがあるかもしれません。

更新の手続も、申請書類を作成し、必要な公的書類を集め、申請に長蛇の列を並ばなければならなく、かつ申請後の審査期間は2週間から1か月以上かかるなど、意外と煩雑な手続ですから、計画的に行うためにも、会社側でもビザ期限をしっかり管理するようにおすすめします。

3 企業規模によって4カテゴリーに分類される

外国人を雇用する企業が就労ビザを申請する際に、出入国在留管理局では外国人を雇用する企業の規模を4つに分類し、申請時に必要な添付書類の種類を分けています。

図表5をご覧ください。カテゴリー1と2は、添付資料がかなり簡略されますが、カテゴリー3と4は、添付資料もかなり多くなります。

このカテゴリーの4つの区分ですが、簡単にいえば、カテゴリー1は上場会社、カテゴリー2は

【図表５　会社規模によるカテゴリー分類】

	カテゴリー1	カテゴリー2	カテゴリー3	カテゴリー4
区分（所属機関）	(1)日本の証券取引所に上場している企業 (2)保険業を営む相互会社 (3)日本又は外国の国・地方公共団体 (4)独立行政法人 (5)特殊法人・認可法人 (6)日本の国・地方公共団体の公益法人 (7)法人税法別表第1に掲げる公共法人 (8)高度専門職省令第1条第1項各号の表の特別加算の項の中欄イ又はロの対象企業（イノベーション創出企業） ※対象はリンク先の「イノベーション促進支援措置一覧」をご確認ください。 (9)一定の条件を満たす企業等	前年分の給与所得の源泉徴収票等の法定調書合計表中，給与所得の源泉徴収票合計表の源泉徴収税額が１，０００万円以上ある団体・個人	前年分の給与所得の源泉徴収票等の法定調書合計表が提出された団体・個人（カテゴリー2を除く）	左のいずれにも該当しない団体・個人

未上場の大規模会社、カテゴリー３は設立２年目以降の中堅・中小零細企業、カテゴリー４は設立間もない新設会社となります。

ほとんどの会社は、カテゴリー３か、カテゴリー４に該当してくると思われます。

就労ビザを申請するに当たっては、自社はどのカテゴリーに当たるのかを調べることがまずは最初となります。

４　企業側が準備すべき書類

外国人を採用し、就労ビザを取得したい場合、雇用する企業側も審査されることになります

外国人本人が用意する書類とあわせて、企業側としても書類を用意しておかなければなりません。

外国人を採用し、就労ビザを取得するに当たって

企業として審査されるポイントは、①どんな事業を行っている会社か、②どのような職務内容で外国人を採用するか、③会社の財務状況、④外国人の給与水準の4つです。

① どんな事業を行っている会社か

どんな事業を行っている会社かの説明として出入国在留管理局から求められるものとしては、「登記事項証明書」や、会社案内、パンフレット、企業ホームページなどがあげられます。

登記事項証明書のみしかなく、パンフレットやホームページがない会社の場合は、出入国在留管理局としても会社の実体がよくわかりませんので、別途入管用会社案内は作成しなければなりません。

② どのような職務内容で外国人を採用するか

どのような職務内容で採用するのかについての説明としては、職務内容を雇用契約書に記入するのに加え、採用理由書で詳しく説明します。

採用理由書には、自社のどの部門に配属をし、どのような職務をさせるのか、その職務に必要な専門知識は何か、日本語能力はどのくらいか、海外との接点はあるかなどを説明する文書を作成します。

③ 会社の財務状況

会社の財務状況を説明する書類としては、まず直近年度の決算報告書（貸借対照表、損益計算書）

と、「給与所得の源泉徴収票等の法定調書合計表」です。

赤字が継続している場合は、企業としての安定性がないと判断され、就労ビザが不許可になる場合もあり得ます。そのため、赤字の場合は、黒字化までの道筋を描いた事業計画書を添付することをおすすめします。

④　外国人の給与水準

外国人の給与水準は、日本人と同じである必要があります。水準の問題ですので、他の日本人社員も給料が低めであれば、外国人も低めで問題ありません。

同じ職内容にもかかわらず日本人と外国人に差がついていると、不当差別として就労ビザは許可されません。外国人は低賃金で雇えるというのはもう過去の話です。

立証のポイント

出入国在留管理局への申請は、出入国在留管理局のホームページ等に「提出書類一覧」というリストが公開されています。

しかし、このリストに書かれた書類だけを提出すれば十分というわけではありません。公開リストは、「受理はするが許可は保証しない」という最低限のリストです。このリストが揃ってないとそもそも受理がされません。

入管法では、「審査を受ける外国人は、同項に規定する上陸のための条件に適合していることを自ら立証しなければならない。」と定められています。

基本的に、申請人が自ら申請内容を考え、その証拠資料を揃えなければなりません。入管手続に不慣れな企業担当者や外国人の方は、この「提出書類リスト」をもとに提出をして、あとから追加書類や詳細な説明を求められ困ってしまうという状況に陥りがちです。

また、簡単に考え、抜け穴だらけの申請書を提出した場合は、あとから詳細な説明を求められることもなく、いきなり不許可もあります。

就労ビザの許可基準を満たしていることを自ら立証して、ビザの該当性・適合性を証明できる資料を、最初から要求されていなくても初回の申請からできるだけ準備すべきなのです。

給与所得の源泉徴収票等の法定調書合計表とは

給与所得の源泉徴収票等の法定調書合計表（図表6）とは、1月1日から12月31日までの間に、「給与等」もしくは「報酬・料金等」を支払った会社が、その明細を税務署や市区町村に通知するために作成しなければならない書類です。毎年1月31日までに前年分を税務署に提出します。

外国人社員の就労ビザ申請においては、「前年分の職員の給与所得の源泉徴収票等の法定調書合計表」を添付しなければなりませんが、税理士の先生に顧問でついてもらっている会社なら、税理士の先生に言えば出してくれるはずです。

【図表６　給与所得の源泉徴収票等の法定調書合計表】

FE0102

平成□□年分 給与所得の源泉徴収票等の法定調書合計表

（所得税法施行規則別表第５(8)、５(24)、５(25)、５(26)、６(1)及び６(2)関係）

署番号 □□□□□

税務署受付印	平成　年　月　日提出　税務署長　殿	事業種目
		整理番号 □□□□□□□□□□
提出者 住所又は所在地	電話（　　－　　－　　）	調書の提出区分 新規＝1 追加＝2 訂正＝3 無効＝4
		提出媒体 1 給与 / 2 退職 / 3 報酬 / 4 使用 / 5 譲受 / 6 斡旋
（フリガナ）氏名又は名称		（フリガナ）作成担当者
		翌年以降送付要否 要○ 否○
（フリガナ）代表者氏名印	㊞	作成税理士署名押印 電話（　－　－　）㊞
		税理士番号

1　給与所得の源泉徴収票合計表（315）

区分	人員	左のうち、源泉徴収税額のない者	支払金額	源泉徴収税額
Ⓐ 俸給、給与、賞与等の総額		人	円	
Ⓐのうち、丙欄適用の日雇労務者の賃金				
Ⓑ 源泉徴収票を提出するもの				
災害減免法により徴収猶予したもの	人員	猶予税額	（摘要）	

2　退職所得の源泉徴収票合計表（316）

区分	人員	支払金額	源泉徴収税額	（摘要）
Ⓐ 退職手当等の総額				
Ⓑ Ⓐのうち、源泉徴収票を提出するもの				

3　報酬、料金、契約金及び賞金の支払調書合計表（309）

区分	人員 個人	人員 個人以外	支払金額	源泉徴収税額
所得税法第204条に規定する報酬又は料金等　原稿料、講演料等の報酬又は料金（１号該当）	人	人	円	円
弁護士、税理士等の報酬又は料金（２号該当）				
診療報酬（３号該当）				
職業野球選手、騎手、外交員等の報酬又は料金（４号該当）				
芸能等に係る出演、演出等の報酬又は料金（５号該当）				
ホステス等の報酬又は料金（６号該当）				
契約金（７号該当）				
賞金（８号該当）				
Ⓐ 計	実	実		
Ⓑ Ⓐのうち、支払調書を提出するもの				

区分	件数	支払金額	源泉徴収税額	（摘要）
Ⓐのうち、所得税法第174条第10号に規定する内国法人に対する賞金	件	円	円	
災害減免法により徴収猶予したもの	人員	猶予税額		

4　不動産の使用料等の支払調書合計表（313）

区分	人員	支払金額
Ⓐ 使用料等の総額	人	円
Ⓑ Ⓐのうち、支払調書を提出するもの		
（摘要）		

6　不動産等の売買又は貸付けのあっせん手数料の支払調書合計表（314）

区分	人員	支払金額
Ⓐ あっせん手数料の総額	人	円
Ⓑ Ⓐのうち、支払調書を提出するもの		
（摘要）		

5　不動産等の譲受けの対価の支払調書合計表（322）

区分	人員	支払金額
Ⓐ 譲受けの対価の総額	人	円
Ⓑ Ⓐのうち、支払調書を提出するもの		
（摘要）		

税務署整理欄	通信日付印	確認印	提出年月日　年　月　日
			区分 A B C D E F G H

提出用

提出媒体欄には、法定調書の種類別にコードを記載してください。（MT＝11　CMT＝12　電子＝14　FD＝15　MO＝16　CD＝17　DVD＝18　書面＝30　その他＝99）

この法定調書合計表に記入されている源泉徴収額で、おおよその社員数や企業規模が判別できます。これをもとに企業を4つのカテゴリーに分類します。そして、どのカテゴリーに属するかによって、就労ビザ申請に当たり必要な書類が変わってきます。

5 外国人雇用の管理・届出

企業は、新しく外国人を雇用したり、役員に就任させたり、退職・解雇した場合には、その外国人に関する情報を、14日以内に出入国在留管理局へ届出なければなりません。外国人雇用管理において企業の人事担当者が実務上必要なのは、在留カードに記載されている情報の管理です。外国人社員の在留カードは、コピーして管理しておくことをおすすめします。

企業側で外国人社員の各種手続を怠ると、出入国在留管理局に対する信用が落ち、今後、新しく外国人を雇用したいときに就労ビザ申請に対する審査がより厳しくなることも考えられますのでご注意ください。

外国人雇用状況届出書の届出義務

「外国人雇用状況届出書（図表7）」とは、ハローワークを通じて厚生労働大臣に届け出るもので

【図表７　外国人雇用状況届出書】

（日本工業規格Ａ列４）

様式第３号（第１０条関係）（表面）

雇入れ
離職
平成19年10月1日時点で現に雇い入れている者
に係る 外国人雇用状況届出書

フリガナ（カタカナ）			
①外国人の氏名（ローマ字又は漢字）	姓	名	ミドルネーム

②①の者の在留資格		③①の者の在留期間（期限）（西暦）	年　月　日　まで
④①の者の生年月日（西暦）	年　月　日	⑤①の者の性別	１ 男 ・ ２ 女
⑥①の者の国籍・地域		⑦①の者の資格外活動許可の有無	１ 有 ・ ２ 無

雇入れ年月日（西暦）		離職年月日（西暦）	
	年　月　日		年　月　日
	年　月　日		年　月　日
	年　月　日		年　月　日

雇用対策法施行規則第10条第3項・整備省令附則第2条　の規定により上記のとおり届けます。

平成　年　月　日

事業主	事業所の名称、所在地、電話番号等	雇入れ又は離職に係る事業所　雇用保険適用事業所番号 □□□□-□□□□□□-□ （名称）　①の者が主として左記以外の事業所で就労する場合 □ （所在地）　TEL 主たる事務所 （名称） （所在地）　TEL
	氏名	印

公共職業安定所長　殿

す。この届出は、すべての事業主に義務づけられています。

届出事項は、外国人労働者の氏名、在留資格、在留期間などです。外国人を雇用した企業は、期限内に届出をする必要があり、届出義務違反については30万円以下の罰金となります。

届出対象となる外国人は、基本的にすべての外国人労働者となりますが、「特別永住者」「外交」「公用」は除外されています。

- 外国人正社員…すべての外国人社員が届出の対象です。
- 外国人アルバイト…留学生アルバイトも届出の対象となります。留学生については、資格外活動許可を得ているか確認が必要です。
- 外国人派遣社員…派遣社員については雇用主は派遣元であり、派遣元に届出義務が発生します。

外国人雇用状況報告の届出方法

外国人雇用状況報告の届出方法は、雇用保険に加入しているか否かで、届出方法が変わります。

① 外国人社員が雇用保険の被保険者となる場合

雇用保険の被保険者となる場合は、雇用保険の資格取得届出をすることによって、外国人雇用状況報告となります。

- 届出事項…氏名、在留資格、在留期間、生年月日、性別、国籍・地域、資格外活動許可の有無、雇入れにかかる事業所の名称および所在地

・届出方法…雇用保険被保険者資格取得届の「18．備考欄」に必要事項を記入することで、外国人雇用状況の届出とすることができます。
・届出期限…雇用保険の資格取得届と同じ（翌月10日まで）。

②　雇用保険に加入しない場合

雇用保険に加入しない場合は、雇用保険の被保険者取得届をもって外国人雇用状況報告とはできませんので、別途個別に外国人雇用状況報告を届け出る義務が生じます。

・届出事項…氏名、在留資格、在留期間、生年月日、性別、国籍・地域、資格外活動許可の有無、雇入れにかかる事業所の名称および所在地
・届出方法…外国人雇用状況届出書を記入し、ハローワークへ届出
・届出期限…雇入れ、離職の場合ともに翌月の末日まで

外国人が退職したときの手続

外国人が退職したときの会社側の手続は、ほとんど日本人と同じですが、外国人ならではの手続もあります。

●日本人と同じ退職手続

・源泉徴収票の交付
・雇用保険離職票の交付

・健康保険の保険証回収
・その他備品の回収
・求められた場合は退職証明書

●外国人のみ必要な退職手続

・外国人雇用状況の届出をハローワークに対し行う

※届出を怠ると30万円以下の罰金の対象となります。雇用保険に加入していた場合は、雇用保険被保険者資格喪失届をすることにより、届出に代えることができます。

・雇用保険に加入していなかった場合等は、「中長期在留者の受入れに関する届出」を出入国在留管理局に対し14日以内に行う。

・外国人本人が行う手続…「契約期間に関する届出」を出入国在留管理局に対し14日以内に行う。

6　会社が受ける罰則

不法就労の外国人を雇ってしまった場合、会社が受ける罰則について解説したいと思います。

不法就労というのは、軽いものから重いものまでありますが、外国人本人と雇用主についても罰則が適用されます。本人だけではなく、会社側も罰則を受けるということです。

主なものを挙げると、次の２つのケースが罰則の対象になります。

①　資格外活動違反

日本に在留する外国人は、許可された在留資格の範囲内での収益活動を許可されています。そのため、留学生や家族滞在者なら週28時間までとか、「技術・人文知識・国際業務」なら「技術・人文知識・国際業務」で法律上定められた範囲の仕事内容以外での就労や関係ない職種で副業をするなどは資格外活動になります。

②　オーバーステイの外国人を雇用する

オーバーステイは、短期で入国して正規の在留資格を持たず、そのまま日本に居座ってしまった外国人や、諸事情で正規の在留資格を更新できなかったにもかかわらず期限が過ぎても出国していない外国人が当てはまります。

オーバーステイは、外国人本人が確信犯的な要素が強く、会社が在留カードを事前に確認すれば簡単に確認ができます。オーバーステイはわかりやすいので、まっとうな企業であればこういった外国人を雇ってしまうことはあまりないと思います。

一番注意したいのは、資格外活動違反です。資格外活動違反については、会社側も「知らなかった」とか、「うっかり」といった入管法の無知という形で違反を犯してしまいかねないので、十分注意が必要です。

外国人を採用するに当たり必ず確認すべきものは、

・在留カード
・パスポート
・資格外活動許可の有無

です。

これらの書類は、コピーではなく、必ず原本で確認をしてください。外国人の不法就労に当たり会社にも過失がある場合は、会社は「不法就労助長罪」になる可能性があり、罰則は3年以下の懲役もしくは300万円以下の罰金です。

不法就労を防止するためのチェック項目としては、次の2つです。在留カードを見て、

□在留資格の種類
□在留期間（満了日）

をチェックしましょう。

在留期間が過ぎた在留カードを持っている外国人や、そもそも在留カードを持っていない外国人は、雇用できません。「留学」や「家族滞在」は、就労不可と書かれています。裏面を見て、資格外活動許可の欄に「許可：原則週28時間以内・風俗営業等の従事を除く」と書かれていれば、アルバイト可能です。資格外活動許可を取っていなければ、早めに取るように指示し、資格外活動許可を受けてからアルバイトが可能です。

外国人雇用に関する入管法の知識不足によって生じがちな不法就労の例としては、「技術・人文

知識・国際業務」のビザ（在留資格）なのに、レジやウェイトレス、調理補助、工場などでの単純作業に当たらせるケースがあります。

このケースというのは、おそらく「技術・人文知識・国際業務」を取る際に、申請内容は専門的な職務に従事するとしたはずです。にもかかわらず、単純労働に従事するというのは、不法就労に当たります。

会社側としては、就労ビザが取れたのであれば、会社内ではどんな仕事をさせても構わないと考えがちですが、日本人を雇用するのとは違います。これは、不法就労に当たりますので、ご注意ください。

不法就労をしている外国人を雇用している事業主に対しては、「不法就労助長罪」があります。不法就労助長罪は、３年以下の懲役または３００万円以下の罰金に処せられます。

在留資格取消制度

入管法では、「在留資格取消制度」を設けています。外国人の在留資格は、取り消される場合があるということを覚えておいてください。

主に、「正当な理由なく就労活動を3か月以上行っていないとき」などの理由で取消しが行われます。

例えば、３年の有効期間の「技術・人文知識・国際業務」の在留資格を持っている場合に、基本的には3年の期間満了日までは有効ですが、失業して就労していない期間が3か月以上経過すると、在留資格取消の対象となってきます。

「正当な理由なく」ですので、次の就職先を探すためにハローワークに通っているなどの正当な理由があれば、取消しの対象から外れます。もちろん、次の更新日までに就職先が決まらなければ、更新は当然にできません。

入管手続上問題になることが多いのは、転職までの無職期間が相当程度長くなってしまっている場合です。正当な事由があれば、もちろん在留資格取消の対象からは外れますが、転職先の会社での在留資格申請に当たり、長期の無職期間中の生活費はどうしていたのかなどと、無職期間中の不法就労が疑われる場合がありますので、申請に当たっては注意が必要です。

そこで、このような転職者の採用に当たっては、事前に「就労資格証明書」を取っておくという方法があります。例えば、企業側が「この人物を採用して本当に大丈夫だろうか」と不安に思う場合は、あらかじめ出入国在留管理局に就労資格証明書の交付申請を本人にさせます。

企業側の書類も相当程度提出する必要がありますが、そうすると出入国在留管理局側で無職の期間が正当なものであったか、また、転職先での業務が入管法上問題のないものであるのかを含めて審査されます。認められれば、出入国在留管理局からのいわば「お墨付き」をもらったことになりますので、安心して採用できるというわけです。

なお、すでに在留期間の満了日が近づいてしまっているときは、就労資格証明書の申請をする時間的余裕がないので、更新手続の中で、無職の期間の正当性や転職先の業務について、しっかりと立証をしていくことが必要になります。

第４章　業界別の就労ビザ取得のポイント

1　ＩＴ業での外国人雇用

システム開発やソフトウェア開発、保守、顧客サポートなどを行う情報処理・ＩＴ関連企業での外国人雇用について、就労ビザの面から見てみたいと思います。

ＩＴ企業で想定される職種ごとに、就労ビザを取得するためのポイントです。

ソフトウェア等の開発業務

ソフトウェア等の開発業に当たっては、大学や専門学校での専攻内容と職務内容に関連性があることが必要です。基本的には、大学等で情報関連科目を取得していることが必要です。

情報関連の単位を全く取得していない文系学部出身の外国人をソフトウェア等の開発業務に就かせたい場合は、人文科学の分野に関する知識を必要とするソフトウェア開発に従事する場合は在留資格を取得できる可能性があります。

例としては、会計を専攻した外国人が、会計ソフトの開発を行うなどが当てはまります。

バックオフィス（**総務・人事・経理・法務・通訳翻訳等**）、**営業**

ＩＴ関連企業において、バックオフィス業務や営業・マーケティングを担当する場合は、経済学部・

経営学部・法学部・その他文系学部で職務と専攻内容に関連性があれば、就労ビザを取得できます。

2　貿易業での外国人就労

貿易業界でも、グローバル経済の広がりを受け、外国人雇用が増えています。貿易業の職務は、基本的にホワイトカラーですので、外国人の学歴と雇用後の職務内容に関連性があれば、ほとんどの職種で就労ビザ取得が可能と思われます。

専攻と職務内容の関連性は、必須なのでご注意ください。

3　飲食業での外国人就労

飲食店では、多数の外国人が、中国人をはじめとしてかなりの数が働いています。多くは留学生アルバイトであると思いますが、学校を卒業後、そのまま勤務先の飲食店に就職を希望する外国人も多くいます。

飲食業界で正社員としての就労ビザを取りたい場合は、アルバイトのときと同じようなホール係やレジ、調理補助での仕事内容では、許可がまず下りません。また、調理学校を卒業していたとしても、調理師としては許可はほぼ取れません。

飲食企業への就職で就労ビザが取得できるのは、飲食企業の事務部門で働く場合です。例えば、人事総務の仕事、会計の仕事、マーケティングの仕事などであれば、全般的に就労ビザを取得することが可能です。

これらの事務系の職種は、飲食企業としてある程度の企業規模が必要です。1店舗や2店舗だけの飲食店の場合に、これら事務系の仕事を専門にかかえることは、一般的に考えれば現実性に乏しく、しかも外国人を採用する必要性も感じられません。

また、店舗管理（店長）やスーパーバイザーの仕事でも取得することが可能ですが、この場合は複数の店舗を持っている企業である必要があります。少なくとも複数の店舗を持ち、かつ店舗とは別に事務所を構えていることが必要となります。

さらに、外国人本人としては、専攻内容と職務内容に関連性があることが必要です。就労制限のない「日本人の配偶者等」「永住者」「永住者の配偶者等」「定住者」や帰化した外国人については、飲食店でどのような仕事内容に就いても問題はありません。

外国人調理師を雇用したい場合

外国人を調理師として雇う場合は、「技能」の就労ビザを取ります。この「技能ビザ」を取得するための要件は、10年以上の外国料理の調理師としての実務経験があることが必要です。

この10年の実務経験年数の中には、専門学校などで調理に関する科目を専攻した期間を含めることができます。つまり、２年間外国料理の調理専門学校に通っていたのであれば、８年の実務経験があれば大丈夫ということになります。

技能ビザを取るためには、熟練した技能が必要となっていますので、調理補助のような仕事では取得できませんし、外国料理の調理師である必要があるので、本場の中華料理、韓国料理、タイ料理、その他外国料理の調理師である必要があります。

居酒屋や日本料理店は日本料理ですので、そこで10年経験があっても、技能の就労ビザは取得できません。

4　ホテル業での外国人就労

日本政府の積極的な外国人観光客誘致政策に加え、アジア各国の観光客に対する観光ビザ緩和などを背景に、外国人観光客が年々増えています。外国人観光客が増えることにより、ホテルや旅館の宿泊客としても外国人の割合が増え続けているようです。都市部ではビジネスホテルの予約が取れない状況がよくニュースになっています。

このような状況でホテル等での外国人スタッフを雇用したいという需要も増えています。ホテルでの外国人雇用に伴う就労ビザ取得については注意点があります。

フロント業務メインで雇用する場合

専門学校や大学でホテル学や観光を専攻した外国人を雇用したい場合ですが、ホテル付属のレストランや客室清掃、ドアマンなどの職種は単純労働とみなされますので、これらの職務内容では就労ビザは取れません。

また、規模が小さいホテルのフロント業務に関しては、単純労働とみなされがちです。フロントがメインの職務として就労ビザを取得したい場合は、ホテルの規模・知名度、外国人客の多さと、外国人顧客対応の重要性を詳細に説明した文書を出入国在留管理局に提出することが重要となります。

就労ビザの許可基準というのは、あくまでも専門的な職務を遂行するためということがあるためです。

経営企画・総務・経理などの事務系職種として雇用する場合

ホテル業での外国人雇用に当たり、外国人宿泊客を増やすためのマーケティング、企画立案、外国の旅行会社との折衝・契約を含む経営企画業務や、総務、経理の仕事をするために外国人を雇用する場合は、大学や専門学校で習った専攻と関連のある職務を担当するのであれば、「技術・人文知識・国際業務」の就労ビザが取得できます。

5　製造業での外国人雇用

製造業での外国人雇用に関しては、事務部門、技術部門、そして工場などでの現場部門での雇用と、大きく3つに分かれると思います。

事務部門でいえば、海外拠点との通訳翻訳の仕事、人事総務の仕事、会計の仕事、マーケティング・営業の仕事などであれば、全般的に就労のビザを取得することが可能です。

また、技術部門の仕事でいえば、製品開発、品質管理、技術教育などの技術職でも就労のビザを取得することが可能です。

事務や技術の仕事は、「技術・人文知識・国際業務」という就労ビザになり、大学や専門学校で学んだ専攻と関連する職務内容で雇用される場合に取得できます。

工場などでの現場ラインでの作業は、単純労働とみなされますので、基本的には就労ビザは取得できません。

現場ラインで外国人を雇用できるパターンとしては、まずは「技能実習」が挙げられます。技能実習は、海外から一定の期間、実務研修という形で雇用されるもので、多くは事業協同組合を通して受け入れる形となります。

または、日系ブラジル人などの「定住者」のビザを持つ外国人でしたら、工場などでも働くことができます。「定住者」は、その外国人の先祖が日本人であるために取得できるビザです。就労制限がないため、工場内作業などの単純労働とみなされる職種でも雇用が可能です。群馬県や静岡県、愛知県などで多くの定住者を取得している外国人が働いています。

さらには、「日本人の配偶者等」「永住者」「永住者の配偶者等」や帰化した外国人も就労制限がありませんので、工場内作業で雇用可能です。

6　不動産業での外国人就労

年々、日本に来る外国人が増えるなか、外国人向けに不動産の賃貸仲介、売買の仲介をする不動産会社も増えてきています。賃貸仲介については、留学生や外国人就労者向け、売買については、日本に長期滞在する外国人向け、投資用の高級分譲にいたっては、アジア系富裕層が買うのが増えています。

不動産の営業担当や、通訳・翻訳の担当として、外国人社員の就労ビザを取ることは可能です。まず、物件の紹介や入居手続、契約書の作成サポートなどの仕事がメインの場合は、大学での専攻が経営や経済、法学部の場合のほうが比較的取りやすいと思います。

また、外国人顧客への通訳翻訳の仕事の場合は、文学部出身でもいける場合が多いと思います。

基本的な考え方としては、外国人社員の大学や専門学校での専攻内容が、会社で従事する仕事内容に十分活かせるかどうかが許可・不許可のポイントですので、そこを十分検討すれば、不動産会社という業種では比較的他の業界よりも外国人に就労ビザが出るのではないかと思います。

7　建設業での外国人就労

建設業の企業規模も、１人親方から上場企業まで大小様々ありますが、外国人雇用に関しては、事務系職種での採用と建築現場作業での採用に大きく分かれます。

事務部門でいえば、人事総務の仕事、会計の仕事、マーケティング・営業の仕事、海外拠点との通訳翻訳の仕事などの事務系であれば、全般的に就労ビザを取得することが可能です。

また、技術系の事務の仕事でいえば、設計、技術開発などの技術職でも、就労ビザを取得することが可能です。

このような仕事は、「技術・人文知識・国際業務」という就労ビザになり、大学等で学んだ専攻と関連する職務で雇用される場合に取得できます。

建築現場作業の仕事ですが、これは単純労働とみなされますので、基本的には就労ビザは取得できません。

就労制限のない「日本人の配偶者等」「永住者」「永住者の配偶者等」「定住者」や帰化した外国人は、建築現場での作業で雇用可能です。

8 小売業での外国人就労

電気量販店や高級ブランドショップなどの小売業でも、外国人が働いているのを目にする機会が多くなってきました。最近では、秋葉原の電気店では中国人の爆買がテレビのニュースになり、銀座のブランド街では観光バスで外国人がやってきては大量に買い物をしています。コンビニにいたっては、どの街でも外国人がレジで働いている感じです。

小売業で働く外国人は、どんな就労ビザを取って働いているのでしょうか。

まず、「技術、人文知識、国際業務」といった典型的な就労ビザは、基本的に接客やレジ、在庫管理といった単純労働とみなされがちな仕事内容では、許可はまず下りません。

しかしながら、秋葉原や銀座の小売店では、外国人客が多く、外国語ができる外国人スタッフの需要が多いのも確かです。

接客やレジ、在庫管理といった小売業のアルバイトでもできるようなスタッフレベルの職種では、たとえ外国語で接客をするといっても、単に「通訳」という職種で申請した場合、出入国在留管理局は「それは通訳ではなくて接客業務であるから認められない」という判断をする可能性が高くなります。

したがって、一番よいのは、「日本人の配偶者等」「永住者」「永住者の配偶者等」「定住者」といった在留資格を持っている外国人を採用することです。それならフルタイムで働けます。

また、留学生や「家族滞在」の在留資格を持っている外国人なら、「資格外活動許可」を取得した上で、週28時間までなら働くことができます。

しかし、なかなか就労制限のない外国人スタッフを集めることができないという場合も多いようです。

正規の就労ビザを取れるケースとは、何かを考えてみたいと思います。

まず、秋葉原の電気量販店や銀座のブランドショップの場合ですが、外国語を使う割合がかなり高ければ、「技術・人文知識・国際業務」が認められる可能性があります。通常の接客の仕事では、許可は下りません。あくまでも、個別具体的なケースでの可能性があるということです。

出入国在留管理局へ説明を要する内容としては、当該外国人社員の業務の中で、外国語を使う機会がどのくらいあるのか、１日の中ではどのくらいなのか、年間では時季によって差が出てくるのか、どの国籍の外国人客が多いのかなど、国籍ごとの顧客データ等々を細かく分析した文書を作成し、丁寧に出入国在留管理局へ説明をすることです。

これらの説明をした上で、就労ビザが許可されたのであれば、問題なく当該外国人を雇用することができますが、気をつけたいのは単に「通訳業務」として入管に申請して、仮に許可を得られたとしても、接客をしている事実が発覚した場合は、虚偽申請をしたとして外国人と雇用企業の双方が処罰の対象となってしまいます。

また、外国人が本社採用で総合職のような場合、通常、新入社員というのは社員教育の一環で店舗に派遣することは多いと思います。現場経験は、教育上大事ということです。

しかし、現場労働というのは、往々にして単純労働とみなされます。繰り返しますが、単純労働は禁止されています。そうなると、日本人社員は研修の一環で現場や店舗へ行かせることはできますが、外国人社員は一切できないということになってしまいます。

もっとも、それでは、法律と経営の実態が乖離し過ぎて、外国人社員は使いづらいということになってしまいます。

したがって、出入国在留管理局に納得してもらった上で、現場に外国人社員を教育の一環で送ることがある場合は、社員教育のスケジュール・期間、店舗や現場での仕事内容を文書に詳しくまとめて就労ビザを取得することが必要です。

つまり、許可を受けた上で、現場に送るということです。

出入国在留管理局に何らこれらのような説明をすることなく、本部スタッフとして採用しているにもかかわらず現場に送っている場合は、虚偽申請をしたとして、会社側と外国人社員側双方に処罰される場合があるのでご注意ください。

9　教育業での外国人就労

民間の英会話スクール・語学スクールでの就労

教育業での外国人雇用に当たっては、主に民間の英会話スクールや、その他の言語のスクールでの語学講師としての雇用があります。

外国人が母国語を日本人に教える仕事に就くには、大学・短大を卒業して学位を取得していれば、専攻内容を問わず「技術・人文知識・国際業務」の在留資格を取得することができます。

しかし、専門学校を卒業している場合は、教育に関する専攻をしていなければ就労ビザの取得は難しいです。

学校法人での英語講師・アシスタント

学校法人で小・中・高校生向けの英語教育としては、「教育」という就労ビザとなります。要件としては、民間の語学スクールで就労ビザを取得する場合と同様です。

フリーランスの語学講師

フリーランスの語学講師として、複数の企業などから仕事を請負って、語学講師として働く場合が当てはまります。この場合、フリーランスの形でも、「技術・人文知識・国際業務」の取得は可能です。

フリーランスは、個人事業主という形となります。本来は個人事業主として就労ビザの取得は難しいのですが、仕事の契約期間や契約金額、複数社との契約をしているなど、安定性が認められれば、技能・人文知識・国際業務ビザの取得が可能となります。

しかし、安定性が認められなければ、むずかしくなります。

逆に、売上金額がかなり多くなってくる場合や、社員を雇うような規模になる場合は、技術・人文知識・国際業務ビザのままでは適用外となり、経営管理ビザへの変更を考えなければなりません。

10　金融業での外国人就労

金融業界でもグローバル経済の広がりを受け、外国人雇用が増えています。金融や保険業の職務は、基本ホワイトカラーですので、外国人の学歴と雇用後の職務内容に関連性があれば、ほとんどの職種で就労ビザ取得が可能と思われます。専攻と職務内容の関連性は必須なのでご注意ください。

11　単純労働下での外国人就労

今まで、単純労働とされる職種では、就労ビザを取ることは不可能でした。しかし、日本における深刻な人手不足に対応するために国会で改正入管法が成立し、２０１９年4月1日施行をもって、旧来の「入国管理局」が「出入国在留管理庁」へと組織・名称が変わり、新たに「特定技能」という在留資格が創設されました。

特定技能ビザができたことにより、これまで不可能だった単純労働での就労ができる在留資格を許可することができるようになったのです。

「特定技能ビザ」とは、特に人手不足が顕著な分野に関して一定の専門性・技能を有した即戦力となる外国人材を受け入れるために創設されました。

人手不足の解消を目的としているため、受入外国人数は全分野合わせて5年間で最大約35万人と限定されておりますが、企業の受入枠の制限は設けられておりません（介護除く）。

そして、対象となるのは、人手不足が深刻とされている14分野になります（図表8参照）。

①　特定技能ビザの対象者となるための要件（1号・2号とは）

特定技能ビザの対象者には1号と2号があります。ざっくりわかりやすくいいますと、特定技能1号とは、「業務を行うための必要な知識と経験を有している外国人」のことであり、特定技能2

号とは、「高度な技能を必要とする専門職でその技能を有している外国人」のことになります。

そして、特定技能1号の対象分野は14分野であり、特定技能2号については建設と造船用工業の2業種のみが対象となっております。

特定技能の対象者となるためには、技能水準と日本語能力水準という2つの基準をクリアする必要があります。技能水準については、各省庁が定めた試験に合格することで、日本語能力については、日本語能力試験のN4級以上の合格でクリアできるものとなります。

なお、試験を受けなくてもクリアできる条件として、技能実習を3年間良好に修了（技能実習2号の良好な修了）していれば、技能試験と日本語能力試験の合格は不要となります。

特定技能1号について、在留期間は上限5年までとなっているのと、家族の帯同は認められません。特定技能2号については、在留期間の上限はなく、家族の帯同も可能です。

②　受入機関の要件とは（登録支援機関の活用）

特定技能の在留資格で受け入れるための、受入機関側の要件もあります。とても細かいですが、大まかにいうと3つであり、「法令等の違反がないこと」「各省の要求に対して協力すること」「特定技能対象外国人の支援ができること」になります。

支援については、9つの義務的支援が設けられており、自社で支援義務を満たすことが難しい場合は、出入国在留管理局に登録をしている登録支援機関に、支援業務をお願いする形をとります。

【図表８　特定技能対象14分野】

／	分野	人手不足状況	人材基準		その他重要事項		
		受入れ見込数（5年間の最大値）（注）	技能試験	日本語試験	従事する業務	雇用形態	受入れ機関に対して特に課す条件
厚労省	介護	60,000人	介護技能評価試験	国際交流基金日本語基礎テスト，又は，日本語能力試験N4以上（上記に加えて）介護日本語評価試験	・身体介護等（利用者の心身の状況に応じた入浴，食事，排せつの介助等）のほか，これに付随する支援業務（レクリエーションの実施，機能訓練の補助等） （注）訪問系サービスは対象外 〔1試験区分〕	直接	・厚労省が組織する協議会に参加し，必要な協力を行うこと ・厚労省が行う調査又は指導に対し，必要な協力を行うこと ・事業所単位での受入れ人数枠の設定
厚労省	ビルクリーニング	37,000人	ビルクリーニング分野特定技能1号評価試験	国際交流基金日本語基礎テスト，又は，日本語能力試験N4以上	・建築物内部の清掃 〔1試験区分〕	直接	・厚労省が組織する協議会に参加し，必要な協力を行うこと ・厚労省が行う調査又は指導に対し，必要な協力を行うこと ・「建築物清掃業」又は「建築物環境衛生総合管理業」の登録を受けていること
経産省	素形材産業	21,500人	製造分野特定技能1号評価試験	国際交流基金日本語基礎テスト，又は，日本語能力試験N4以上	・鋳造　・工場板金　・機械検査 ・鍛造　・めっき　・機械保全 ・ダイカスト　・アルミニウム陽極酸化処理　・塗装 ・機械加工　・溶接 ・金属プレス加工　・仕上げ 〔13試験区分〕	直接	・経産省が組織する協議会に参加し，必要な協力を行うこと ・経産省が行う調査又は指導に対し，必要な協力を行うこと
経産省	産業機械製造業	5,250人	製造分野特定技能1号評価試験	国際交流基金日本語基礎テスト，又は，日本語能力試験N4以上	・鋳造　・工場板金　・電子機器組立て ・鍛造　・めっき　・電気機器組立て ・ダイカスト　・仕上げ　・プリント配線板製造 ・機械加工　・機械検査　・プラスチック成形 ・塗装　・機械保全　・金属プレス加工 ・鉄工　・工業包装　・溶接 〔18試験区分〕	直接	・経産省が組織する協議会に参加し，必要な協力を行うこと ・経産省が行う調査又は指導に対し，必要な協力を行うこと
経産省	電気・電子情報関連産業	4,700人	製造分野特定技能1号評価試験	国際交流基金日本語基礎テスト，又は，日本語能力試験N4以上	・機械加工　・機械保全　・塗装 ・金属プレス加工　・電子機器組立て　・溶接 ・工場板金　・電気機器組立て　・工業包装 ・めっき　・プリント配線板製造 ・仕上げ　・プラスチック成形 〔13試験区分〕	直接	・経産省が組織する協議会に参加し，必要な協力を行うこと ・経産省が行う調査又は指導に対し，必要な協力を行うこと
国交省	建設	40,000人	建設分野特定技能1号評価試験等	国際交流基金日本語基礎テスト，又は，日本語能力試験N4以上	・型枠施工　・屋根ふき　・とび ・左官　・電気通信　・建築大工 ・コンクリート圧送　・鉄筋施工　・配管 ・トンネル推進工　・鉄筋継手　・建築板金 ・建設機械施工　・内装仕上げ／表装　・保温保冷 ・土工　・吹付ウレタン断熱 ・海洋土木工 〔18試験区分〕	直接	・外国人の受入れに関する建設業者団体に所属すること ・国交省が行う調査又は指導に対し，必要な協力を行うこと ・建設業法の許可を受けていること ・日本人と同等以上の報酬を安定的に支払い，技能習熟に応じて昇給を行う契約を締結していること ・雇用契約に係る重要事項について，母国語で書面を交付して説明すること ・受入れ建設企業単位での受入れ人数枠の設定 ・報酬等を記載した「建設特定技能受入計画」について，国交省の認定を受けること ・国交省等により，認定を受けた「建設特定技能受入計画」を適正に履行していることの確認を受けること ・特定技能外国人を建設キャリアアップシステムに登録すること 等
国交省	造船・舶用工業	13,000人	造船・舶用工業分野特定技能1号試験等	国際交流基金日本語基礎テスト，又は，日本語能力試験N4以上	・溶接　・仕上げ ・塗装　・機械加工 ・鉄工　・電気機器組立て 〔6試験区分〕	直接	・国交省が組織する協議会に参加し，必要な協力を行うこと ・国交省が行う調査又は指導に対し，必要な協力を行うこと ・登録支援機関に支援計画の実施を委託するに当たっては，上記条件を満たす登録支援機関に委託すること
国交省	自動車整備	7,000人	自動車整備分野特定技能評価試験等	国際交流基金日本語基礎テスト，又は，日本語能力試験N4以上	・自動車の日常点検整備，定期点検整備，分解整備 〔1試験区分〕	直接	・国交省が組織する協議会に参加し，必要な協力を行うこと ・国交省が行う調査又は指導に対し，必要な協力を行うこと ・登録支援機関に支援計画の実施を委託するに当たっては，上記条件等を満たす登録支援機関に委託すること ・道路運送車両法に基づく認証を受けた事業場であること
国交省	航空	2,200人	特定技能評価試験（航空分野：空港グランドハンドリング，航空機整備）	国際交流基金日本語基礎テスト，又は，日本語能力試験N4以上	・空港グランドハンドリング（地上走行支援業務，手荷物・貨物取扱業務等） ・航空機整備（機体，装備品等の整備業務等） 〔2試験区分〕	直接	・国交省が組織する協議会に参加し，必要な協力を行うこと ・国交省が行う調査又は指導に対し，必要な協力を行うこと ・登録支援機関に支援計画の実施を委託するに当たっては，上記条件を満たす登録支援機関に委託すること ・空港管理規則に基づく構内営業承認等を受けた事業者又は航空法に基づく航空機整備等に係る認定事業場等であること
国交省	宿泊	22,000人	宿泊業技能測定試験	国際交流基金日本語基礎テスト，又は，日本語能力試験N4以上	・フロント，企画・広報，接客，レストランサービス等の宿泊サービスの提供 〔1試験区分〕	直接	・国交省が組織する協議会に参加し，必要な協力を行うこと ・国交省が行う調査又は指導に対し，必要な協力を行うこと ・登録支援機関に支援計画の実施を委託するに当たっては，上記条件を満たす登録支援機関に委託すること ・「旅館・ホテル営業」の許可を受けた者であること ・風俗営業関連の施設に該当しないこと ・風俗営業関連の接待を行わせないこと
	農業	36,500人	農業技能測定試験	国際交流基金日本語基礎テスト，又は，日本語能力試験N4以上	・耕種農業全般（栽培管理，農産物の集出荷・選別等） ・畜産農業全般（飼養管理，畜産物の集出荷・選別等） 〔2試験区分〕	直接 派遣	・農水省が組織する協議会に参加し，必要な協力を行うこと ・農水省が行う調査又は指導に対し，必要な協力を行うこと ・登録支援機関に支援計画の実施を委託するに当たっては，協議会に対し必要な協力を行う登録支援機関に委託すること ・労働者を一定期間以上雇用した経験がある農業経営体であること

農水省	漁業	9,000人	漁業技能測定試験（漁業又は養殖業）	国際交流基金日本語基礎テスト，又は，日本語能力試験N4以上	・漁業（漁具の製作・補修，水産動植物の探索，漁具・漁労機械の操作，水産動植物の採捕，漁獲物の処理・保蔵，安全衛生の確保等） ・養殖業（養殖資材の製作・補修・管理，養殖水産動植物の育成管理・収獲（穫）・処理，安全衛生の確保等） 〔2試験区分〕	直接 派遣	・農水省が組織する協議会に参加し，必要な協力を行うこと ・農水省が行う調査又は指導に対し，必要な協力を行うこと ・農水省が組織する協議会において協議が調った措置を講じること ・登録支援機関に支援計画の実施を委託するに当たっては，分野固有の基準に適合している登録支援機関に限ること
	飲食料品製造業	34,000人	飲食料品製造業特定技能1号技能測定試験	国際交流基金日本語基礎テスト，又は，日本語能力試験N4以上	・飲食料品製造業全般（飲食料品（酒類を除く）の製造・加工，安全衛生） 〔1試験区分〕	直接	・農水省が組織する協議会に参加し，必要な協力を行うこと ・農水省が行う調査又は指導に対し，必要な協力を行うこと
	外食業	53,000人	外食業特定技能1号技能測定試験	国際交流基金日本語基礎テスト，又は，日本語能力試験N4以上	・外食業全般（飲食物調理，接客，店舗管理） 〔1試験区分〕	直接	・農水省が組織する協議会に参加し，必要な協力を行うこと ・農水省が行う調査又は指導に対し，必要な協力を行うこと ・風俗営業関連の営業所に就労させないこと ・風俗営業関連の接待を行わせないこと

（注）14分野の受入れ見込数（5年間の最大値）の合計：345,150人

第5章

就労ビザ申請書類作成ガイド・マニュアル

1　必要書類一覧

就労ビザ取得のために出入国在留管理局へ提出しなければならない書類一式というのは、取得しようとする就労ビザの種類によって異なります。また、会社の規模によっても異なってきます。会社の規模によってカテゴリーが4つ（55ページ図表5参照）に分けられており、それぞれ提出書類一覧が定められています。

●技術・人文知識・国際業務ビザ（ホワイトカラー職種）

【カテゴリー1】と【カテゴリー2】の企業

上場企業や、前年分の源泉徴収税額が1，000万円以上の企業が外国人社員の就労ビザを取る場合に出入国在留管理局に提出する書類です。前年分の源泉徴収税額が1，000万円以上の企業とは、相当程度大規模な会社です。

そもそも会社としての信頼性が高いため、必要書類が大幅に削減されていますが、場合によっては別途理由書を求められる場合もあります。

〈共通書類〉

・在留資格認定証明書交付申請書、または在留資格変更許可申請書

・外国人本人の証明写真（縦４㎝×横３㎝）
・返信用封筒（宛先を明記の上、４０４円切手貼付）※認定の場合のみ
〈会社が用意する書類〉
・四季報の写し、または日本の証券取引所に上場していることを証明する文書
・前年分の職員の給与所得の源泉徴収票等の法定調書合計表のコピー（受付印のあるもの）※カテゴリー2の場合
〈本人に関する書類〉
・専門学校を卒業し、専門士、または高度専門士の称号を取得した者については、専門士、または高度専門士の称号を付与されたことを証明する文書（卒業証明書など）

【カテゴリー３】の企業

前年分の源泉徴収税額が1，０００万円未満の企業がカテゴリー3です。新設会社を除く、ほとんどの企業がカテゴリー3に当てはまります。

〈共通書類〉
・在留資格認定証明書交付申請書、または在留資格変更許可申請書
・外国人本人の証明写真（縦４㎝×横３㎝）※無帽・無背景
・返信用封筒（宛先を明記の上、４０４円切手を貼付）※認定の場合のみ
〈会社が用意する書類〉

・登記事項証明書
・定款のコピー
・会社案内またはＨＰ（役員、沿革、業務内容、主要取引先、取引実績が記載されたもの）
・直近年度の貸借対照表・損益決算書のコピー
・前年分の職員の給与所得の源泉徴収票等の法定調書合計表（受付印のあるものの写し、電子申請の場合は受付番号があること）
・申請理由書（申請人の経歴と職務内容との関連性、事業の継続性や安定性、海外事業内容などを記載）
・雇用契約書

〈本人に関する書類〉

・大学、または専門学校の卒業証明書
・大学、専門学校の成績証明書（学校の履修内容と仕事内容との関連性を見る）
・在留カード（変更の場合）
・パスポートのコピー
・本人の履歴書（学歴・職歴）
・日本語能力を証明する書類（日本語能力試験合格証明書などがあれば）
・資格の合格証のコピー（何か職務に関連する資格を持っている場合）

【カテゴリー４】の企業

カテゴリー４は、新しくできたばかりの会社で、外国人社員の就労ビザを取るときに必要な書類になります。

他のカテゴリーと大きく違うのは、事業計画書を提出しなければならないことです。

〈共通書類〉

・在留資格認定証明書交付申請書、または在留資格変更許可申請書
・外国人本人の証明写真（縦４㎝×横３㎝）※無帽・無背景
・返信用封筒（宛先を明記の上、４０４円切手を貼付）※認定の場合のみ

〈会社が用意する書類〉

・事業計画書
・登記事項証明書
・定款のコピー
・会社案内、またはＨＰ（役員、沿革、業務内容、主要取引先、取引実績が記載されたもの）
・給与支払事務所等の開設届書のコピー（受付印あるもの）
・直近３か月分の給与所得・退職所得等の所得税徴収高計算書（領収日付印のあるもの）のコピー、または源泉所得税の納期の特例の承認に関する申請書（受付印あるもの）のコピー
・オフィス、または店舗の建物賃貸借契約書のコピー（不動産を所有している場合は登記事項

証明書）
・会社の写真（ビル外観、入口、オフィス・店舗内部）※オフィス内には机、ＰＣ、電話、キャビネットなどが設置されていること
・申請理由書（申請人の経歴と職務内容との関連性、事業の継続性や安定性、海外事業内容などを記載）
・雇用契約書
〈本人に関する書類〉
・大学または専門学校の卒業証明書
・大学、専門学校の成績証明書（学校の履修内容と仕事内容との関連性を見る）
・在留カード（変更の場合）
・パスポートのコピー
・本人の履歴書（学歴・職歴）
・日本語能力を証明する書類（日本語能力試験合格証明書などがあれば）
・資格の合格証のコピー（何か職務に関連する資格を持っている場合）

●技能ビザ（外国料理の調理師など）
【カテゴリー１】と【カテゴリー２】の企業

上場企業や、前年分の源泉徴収税額が1，０００万円以上の企業が外国人社員の就労ビザを取る場合に出入国在留管理局に提出する書類です。前年分の源泉徴収税額が1，０００万円以上の企業とは、相当程度大規模な会社となります。

そもそも会社としての信頼性が高いため、必要書類が大幅に削減されていますが、場合によっては別途理由書を求められる場合もあります。

〈共通書類〉

・在留資格認定証明書交付申請書、または在留資格変更許可申請書

・外国人本人の証明写真（縦４㎝×横３㎝）

・返信用封筒（宛先を明記の上、４０４円切手貼付）※認定の場合のみ

〈会社が用意する書類〉

四季報の写し、または日本の証券取引所に上場していることを証明する文書（上場企業）

・前年分の職員の給与所得の源泉徴収票等の法定調書合計表のコピー（受付印のあるもの）※カテゴリー２の場合

〈本人に関する書類〉

・専門学校を卒業し、専門士または高度専門士の称号を取得した者については、専門士または高度専門士の称号を付与されたことを証明する文書（卒業証明書など）

【カテゴリー３】の企業

前年分の源泉徴収税額が1，000万円未満の企業がカテゴリー3です。新設会社を除く、ほとんどの企業がカテゴリー3に当てはまります。

〈共通書類〉

・在留資格認定証明書交付申請書、または在留資格変更許可申請書
・外国人本人の証明写真（縦4㎝×横3㎝）※無帽・無背景
・返信用封筒（宛先を明記の上、404円切手を貼付）※認定の場合のみ

〈会社が用意する書類〉

・申請理由書（従事する業務の内容を証明すること）
・本人の履歴書（申請に係る技能を要する業務に従事した機関および内容・期間を明示）
・雇用契約書
・登記事項証明書
・定款のコピー
・会社案内、またはHP
・前年分の職員の給与所得の源泉徴収票等の法定調書合計表（受付印あるもの）のコピー
・直近年度の決算報告書のコピー
・飲食店営業許可証のコピー
・メニューのコピー

・店舗の平面図
・店舗の写真（外観、看板、入口、店内、厨房）
・店舗の不動産賃貸契約書のコピー（店舗不動産を所有している場合は登記事項証明書を提出）

◇中華料理人の場合
・戸口簿
・職業資格証明書
・在職証明書
・工齢証明書

◇タイ料理人の場合
・タイ料理人として5年以上の実務経験を証明できる文書
・初級以上のタイ料理人としての技能水準に関する証明書
・申請を行った日の直前の1年間にタイで妥当な報酬を受けていたことを証明する文書

◇その他の各国料理人に関する書類
・前職の在職証明書
・公的機関が発行する証明書

【カテゴリー4】の企業
カテゴリー4は、新しくできたばかりの会社で、外国人社員の就労ビザを取るときに必要な書類になります。
　他のカテゴリーと大きく違うのは、事業計画書を提出しなければならないことです。

〈共通書類〉

・在留資格認定証明書交付申請書、または在留資格変更許可申請書
・外国人本人の証明写真（縦４㎝×横３㎝）
・返信用封筒（宛先を明記の上、４０４円切手を貼付）　※認定の場合

〈会社が用意する書類〉

・事業計画書
・申請理由書（従事する業務の内容を証明すること）
・本人の履歴書（申請にかかる技能を要する業務に従事した機関および内容・期間を明示）
・雇用契約書
・登記事項証明書
・定款のコピー
・会社案内またはHP
・飲食店営業許可証のコピー
・メニューのコピー
・店舗の平面図

・店舗の写真（外観、看板、入口、店内、厨房）
・店舗の不動産賃貸契約書のコピー（店舗不動産を所有している場合は登記事項証明書を提出）
・給与支払事務所等の開設届書のコピー（受付印あるもの）
・直近3か月分の給与所得・退職所得等の所得税徴収高計算書（領収日付印のあるもの）のコピー、
　または源泉所得税の納期の特例の承認に関する申請書（受付印あるもの）のコピー

◇中華料理人の場合

・戸口簿のコピー
・職業資格証明書（公証）
・在職証明書（公証）
・工齢証明書（公証）

◇タイ料理人の場合

・タイ料理人として5年以上の実務経験を証明できる文書
・初級以上のタイ料理人としての技能水準に関する証明書
・申請を行った日の直前の1年間にタイで妥当な報酬を受けていたことを証明する文書

◇その他の各国料理人に関する書類

・前職の在職証明書
・公的機関が発行する証明書

●企業内転勤ビザ【国際間での社員異動】

【カテゴリー1】と【カテゴリー2】の企業

上場企業や、前年分の源泉徴収税額が1，000万円以上の企業が外国人社員の就労ビザを取る場合に出入国在留管理局に提出する書類です。前年分の源泉徴収税額が1，000万円以上の企業とは、相当程度大規模な会社となります。

そもそも会社としての信頼性が高いため、必要書類が大幅に削減されていますが、場合によっては別途理由書を求められる場合もあります。

〈共通書類〉

・在留資格認定証明書交付申請書、または在留資格変更許可申請書

・外国人本人の証明写真（縦4㎝×横3㎝）

・返信用封筒（宛先を明記の上、404円切手貼付）※認定の場合のみ

〈会社が用意する書類〉

・四季報の写し、または日本の証券取引所に上場していることを証明する文書（上場企業）

・前年分の職員の給与所得の源泉徴収票等の法定調書合計表のコピー（受付印のあるもの）※カテゴリー2の場合

〈本人に関する書類〉

・専門学校を卒業し、専門士または高度専門士の称号を取得した者については、専門士または高度

専門士の称号を付与されたことを証明する文書（卒業証明書など）

【カテゴリー３】の企業

前年分の源泉徴収税額が１，０００万円未満の企業がカテゴリー３です。新設会社を除く、ほとんどの企業がカテゴリー３に当てはまります。

〈共通書類〉

・在留資格認定証明書交付申請書　または　在留資格変更許可申請書
・外国人本人の証明写真（縦４㎝×横３㎝）
・返信用封筒（宛先を明記、４０４円切手貼付）※認定の場合のみ

〈会社が用意する書類〉

・申請理由書
・直近の決算報告書
・事務所の不動産賃貸借契約書のコピー
・外国法人および日本法人の会社案内（役員、沿革、業務内容、主要取引先、実績などが記載されたもの）
・前年分の職員の給与所得の源泉徴収票等の法定調書合計表（受付印あるもの）のコピー

〈本人に関する書類〉

・本人の履歴書（関連する業務に従事した機関及およ内容、期間を明示したもの）

・過去1年間に従事した業務内容および地位，報酬を明示した転勤の直前に勤務した外国の機関の証明書

◇役員として転勤する場合

・役員報酬を決議した株主総会議事録のコピー

◇同一法人間での転勤の場合

・外国法人の支店の登記事項証明書

・転勤命令書または辞令のコピー

◇日本法人への転勤の場合

・日本法人の登記事項証明書

・雇用契約書のコピー

・日本法人と出向元の外国法人との出資関係を証明できる資料（例：定款、株主名簿など）

【カテゴリー4】の企業

カテゴリー4は、新しくできたばかりの会社で、外国人社員の就労ビザを取るときに必要な書類になります。

他のカテゴリーと大きく違うのは、事業計画書を提出しなければならないことです。

〈共通書類〉

・在留資格認定証明書交付申請書、または在留資格変更許可申請書

・外国人本人の証明写真（縦４㎝×横３㎝）
・返信用封筒（宛先を明記の上、４０４円切手貼付）　※認定の場合のみ

〈会社が用意する書類〉

・申請理由書
・事業計画書
・事務所の不動産賃貸借契約書のコピー
・外国法人および日本法人の会社案内（役員、沿革、業務内容、主要取引先、実績などが記載されたもの）
・給与支払事務所等の開設届出書のコピー
・源泉所得税の納期の特例の承認に関する申請書のコピー、または直近３か月分の給与所得・退職所得等の所得税徴収高計算書（領収日付印のあるもの）のコピー（源泉徴収の免除を受ける期間の場合）
・外国法人の源泉徴収に対する免除証明書

〈本人に関する書類〉

・本人の履歴書（関連する業務に従事した機関および内容、期間を明示したもの）
・過去１年間に従事した業務内容および地位、報酬を明示した転勤の直前に勤務した外国の機関の証明書

◇役員として転勤する場合

・役員報酬を決議した株主総会議事録のコピー

◇同一法人間での転勤の場合

・外国法人の支店の登記事項証明書

・転勤命令書または辞令のコピー

◇日本法人への転勤の場合

・日本法人の登記事項証明書

・雇用契約書のコピー

・日本法人と出向元の外国法人との出資関係を証明できる資料（例：定款、株主名簿など）

2 在留資格認定証明書交付申請書の書き方（海外から招聘）

1枚目・申請人等作成用（図表9参照）

証明写真

写真は、縦が4㎝、横が3㎝の証明写真です。基本的には、3か月以内に撮影したものです。

【図表９　在留資格認定証明書交付申請書（１枚目）】

別記第六号の三様式（第六条の二関係）
申請人等作成用 1
For applicant, part 1

日本国政府法務省
Ministry of Justice, Government of Japan

在 留 資 格 認 定 証 明 書 交 付 申 請 書
APPLICATION FOR CERTIFICATE OF ELIGIBILITY

写 真
Photo
40mm × 30mm

法 務 大 臣 殿
To the Minister of Justice

出入国管理及び難民認定法第7条の2の規定に基づき，次のとおり同法第7条第1項第2号に掲げる条件に適合している旨の証明書の交付を申請します。
Pursuant to the provisions of Article 7-2 of the Immigration Control and Refugee Recognition Act, I hereby apply for the certificate showing eligibility for the conditions provided for in 7, Paragraph 1, Item 2 of the said Act.

1 国 籍・地 域 Nationality/Region ＿＿＿　2 生年月日 Date of birth ＿＿ 年 Year 月 Month 日 Day

3 氏 名 Name ＿＿ Family name ＿＿ Given name

4 性 別 Sex　男 ・ 女 Male / Female　5 出生地 Place of birth ＿＿　6 配偶者の有無 Marital status　有 ・ 無 Married / Single

7 職 業 Occupation ＿＿　8 本国における居住地 Home town/city ＿＿

9 日本における連絡先 Address in Japan ＿＿
電話番号 Telephone No. ＿＿　携帯電話番号 Cellular phone No. ＿＿

10 旅券 Passport　(1)番 号 Number ＿＿　(2)有効期限 Date of expiration ＿＿ 年 Year 月 Month 日 Day

11 入国目的（次のいずれか該当するものを選んでください。） Purpose of entry: check one of the followings
□ I「教授」 "Professor"　□ I「教育」 "Instructor"　□ J「芸術」 "Artist"　□ J「文化活動」 "Cultural Activities"　□ K「宗教」 "Religious Activities"　□ L「報道」 "Journalist"
□ L「企業内転勤」 "Intra-company Transferee"　□ L「研究（転勤）」 "Researcher (Transferee)"　□ M「経営・管理」 "Business Manager"　□ N「研究」 "Researcher"　□ N「技術・人文知識・国際業務」 "Engineer / Specialist in Humanities / International Services"
□ N「介護」 "Nursing Care"　□ N「技能」 "Skilled Labor"　□ N「特定活動（研究活動等）」 "Designated Activities (Researcher or IT engineer of a designated org)"　□ N「特定活動（本邦大学卒業者）」 "Designated Activities (Graduate from a university in Japan)"
□ V「特定技能（1号）」 "Specified Skilled Worker (i)"　□ V「特定技能（2号）」 "Specified Skilled Worker (ii)"　□ O「興行」 "Entertainer"　□ P「留学」 "Student"　□ Q「研修」 "Trainee"
□ Y「技能実習（1号）」 "Technical Intern Training (i)"　□ Y「技能実習（2号）」 "Technical Intern Training (ii)"　□ Y「技能実習（3号）」 "Technical Intern Training (iii)"　□ R「家族滞在」 "Dependent"
□ R「特定活動（研究活動等家族）」 "Designated Activities (Dependent of Researcher or IT engineer of a designated org)"　□ R「特定活動（EPA家族）」 "Designated Activities(Dependent of EPA)"　□ R「特定活動（本邦大卒者家族）」 "Designated Activities(Dependent of Graduate from a university in Japan)"
□ T「日本人の配偶者等」 "Spouse or Child of Japanese National"　□ T「永住者の配偶者等」 "Spouse or Child of Permanent Resident"　□ T「定住者」 "Long Term Resident"
□「高度専門職（1号イ）」 "Highly Skilled Professional(i)(a)"　□「高度専門職（1号ロ）」 "Highly Skilled Professional(i)(b)"　□「高度専門職（1号ハ）」 "Highly Skilled Professional(i)(c)"　□ U「その他」 Others

12 入国予定年月日 Date of entry ＿＿ 年 Year 月 Month 日 Day　13 上陸予定港 Port of entry ＿＿

14 滞在予定期間 Intended length of stay ＿＿　15 同伴者の有無 Accompanying persons, if any　有 ・ 無 Yes / No

16 査証申請予定地 Intended place to apply for visa ＿＿

17 過去の出入国歴 Past entry into / departure from Japan　有 ・ 無 Yes / No
（上記で『有』を選択した場合） (Fill in the followings when the answer is "Yes")
回数 ＿＿ 回 time(s)　直近の出入国歴 The latest entry from ＿＿ 年 Year 月 Month 日 Day から to ＿＿ 年 Year 月 Month 日 Day

18 犯罪を理由とする処分を受けたことの有無（日本国外におけるものを含む。） Criminal record (in Japan / overseas)
有（具体的内容 Yes (Detail: ＿＿) ・ 無 / No

19 退去強制又は出国命令による出国の有無 Departure by deportation /departure order　有 ・ 無 Yes / No
（上記で『有』を選択した場合） (Fill in the followings when the answer is "Yes")　回数 ＿＿ 回 time(s)　直近の送還歴 The latest departure by deportation ＿＿ 年 Year 月 Month 日 Day

20 在日親族（父・母・配偶者・子・兄弟姉妹など）及び同居者
Family in Japan (Father, Mother, Spouse, Son, Daughter, Brother, Sister or others) or co-residents
有（「有」の場合は，以下の欄に在日親族及び同居者を記入してください。） ・ 無
Yes (If yes, please fill in your family members in Japan and co-residents in the following columns) / No

続 柄 Relationship	氏 名 Name	生年月日 Date of birth	国 籍・地 域 Nationality/Region	同居予定の有無 Intended to reside with applicant or not	勤務先名称・通学先名称 Place of employment/school	在留カード番号 特別永住者証明書番号 Residence card number Special Permanent Resident Certificate number
				有・無 Yes / No		
				有・無 Yes / No		
				有・無 Yes / No		
				有・無 Yes / No		

※ 20については，記載欄が不足する場合は別紙に記入して添付すること。 なお，「研修」，「技能実習」に係る申請の場合は記載不要です。
Regarding item 20, if there is not enough space in the given columns to write in all of your family in Japan, fill in and attach a separate sheet.
In addition, take note that you are not required to fill in item 20 for applications pertaining to "Trainee" / "Technical Intern Training".

（注）裏面参照の上，申請に必要な書類を作成して下さい。 Note : Please fill in forms required for application. (See notes on reverse side.)

以前の在留カードと同じ写真や、パスポートと同じ写真では、入管窓口で撮り直しを指示され、別の写真を貼るように言われますのでご注意ください。

1　国籍・地域

この欄には、申請人の国籍を記入します。

例：中国、韓国、ベトナムなど

地域とあるのは、日本の立場から国とされていない台湾や香港などが該当します。基本的には、国名を書いておけば間違いありません。

2　生年月日

生年月日は、必ず西暦を使ってください。昭和や平成は使いません。

例：1985年3月5日など

3　氏名

氏名は、基本的にパスポートどおりに記入します。中国人や韓国人のような漢字の名前がある場合は、漢字とアルファベットを必ず併記するようにします。アルファベットしかない名前の場合は、アルファベットだけで構いません。

中国人の記載例：王　柳　Wang Liu

4　性別

どちらかの性別に丸をつけます。

５　出生地

生まれた場所を記入します。

例：中国上海市　など

６　配偶者の有無

有か無に丸をつけます。

７　職業

申請人の現在の職業を記載します。

例：会社員、学生など

８　本国における居住地

招聘する外国人の現在住んでいる住所を記入します。

９　日本における連絡先

この欄には、基本的には日本の雇用会社の住所と電話番号、担当者携帯電話番号を記入します。

10　旅券

旅券とは、パスポートのことです。外国人社員のパスポートを見ながら、（1）番号はパスポートのナンバーを書きます。（2）有効期限はパスポートの有効期限を書きます。有効期限は、数字で記入してください。

11　入国目的

今回取得しようとしている就労ビザの種類にチェックします。

12　入国予定年月日

外国人社員の入国予定日を記入することになりますが、ここはあくまで予定日を記入します。在留資格認定証明書が許可されないうちに、航空券を買って入国日を決定できるわけがないと思いますが、審査期間が1～2か月程度と考え、申請日から2～3か月後の予定日を入れておくとよいでしょう。

13　上陸予定港

例としては、成田空港や関西国際空港と記入します。どこで日本に入国する予定かということです。基本的には、どこかの空港になると思います。

14　滞在予定期間

外国人社員がどのくらい日本に滞在する予定かということですが、雇用期間が決まっているのであればその期間、雇用期間の定めがない場合は「長期」などと書きます。

15　同伴者の有無

外国人社員が日本に入国する際に、一緒に入国する外国人がいるかということです。例えば、家族滞在ビザで配偶者や子と一緒に来日する場合は「有」にチェックし、同伴者がいない場合は「無」にチェックします。

16　査証申請予定地

「査証」とは、ビザのことです。日本の出入国在留管理局で在留資格認定証明書を取得したら、現地の外国人社員へ送ります。外国人社員は、それを持って日本大使館（領事館）へ行き、査証（ビザ）を申請するわけですが、どこの日本大使館（領事館）へ行く予定かということです。
例：北京、ソウル、バンコクなど

17　過去の出入国歴

申請人である外国人社員が、過去、日本に入国したことがあるかどうかを問う質問です。今回が初めての入国になるなら「無」にチェックすればよいですが、日本に入国したことがある場合は、パスポートの記録などを見ながら、今まで何回日本に入国したことがあるのかと、直近の入国歴をいつからいつまでというように記入してください。

もし、現時点で、短期で日本に来ている場合は、いついつから現在まで、というような記載となります。

18　犯罪を理由とする処分を受けたことの有無

犯罪で処分を受けたことがあるかということです。処分を受けたことなので、具体的に懲役や罰金などが該当します。わかりやすくいえば、自転車泥棒で捕まったことがあっても、罰金などの処分を受けてなければ「無」となります。

19　退去強制又は出国命令による出国の有無

これは、過去、日本に住んでいたことがあった場合に、オーバーステイや不法滞在などで出入国在留管理局の退去強制や出国命令により出国したことがあるかという質問になります。

20　在日親族（父・母・配偶者・子・兄弟姉妹など）及び同居者

外国人社員の親族が日本にいるかどうかを「有」か「無」に○をつけます。有の場合は、在留カード番号や勤務先の社名や通学先の学校名なども具体的に記入しなければなりません。注意点は、同居予定者も記入するということです。シェアハウスで友人と同居するような場合は、友人の名前などの個人情報も記入することになります。

2枚目　申請人等作成用（図表10参照）

21　勤務先

勤務先の名称、支店・事業所名、所在地、電話番号を記入します。

22　最終学歴

外国人社員の最終学歴にどれかをチェックし、（1）学校名（2）と卒業年月日を記入します。

23　専攻・専門分野

外国人社員の卒業した大学等での専攻分野にチェックを入れます。

24　情報処理技術者資格又は試験合格の有無

情報処理業務従事者のみ資格の有、無のどちらかに○をつけます。この資格というのは、資格があれば学歴を問わないとされている資格のことをいいます。

25　職歴

【図表 10　在留資格認定証明書交付申請書（２枚目）】

申請人等作成用 2　N（「高度専門職（1号イ・ロ）」・「研究」・「技術・人文知識・国際業務」・「介護」・「技能」・「特定活動（研究活動等）,（本邦大学卒業者）」）
For applicant, part 2 N ("Highly Skilled Professional(i)(a/b)" / "Researcher" / "Engineer / Specialist in Humanities / International Services " / "Nursing Care" / "Skilled Labor" / "Designated Activities(Researcher or IT engineer of a designated organization), (Graduate from a university in Japan)")
在留資格認定証明書用
For certificate of eligibility

21 勤務先 Place of employment
※ (2)及び(3)については，主たる勤務場所の所在地及び電話番号を記載すること。
For sub-items (2) and (3), give the address and telephone number of your principal place of employment.
(1)名称 Name ____________　支店・事業所名 Name of branch ____________
(2)所在地 Address ____________　(3)電話番号 Telephone No. ____________

22 最終学歴（介護業務従事者の場合は本邦の介護福祉士養成施設について記入）
Education (if you engage in activities of nursing care or teaching nursing care, fill in details about the certified care worker training facility in Japan)
□ 大学院（博士） Doctor　□ 大学院（修士） Master　□ 大学 Bachelor　□ 短期大学 Junior college　□ 専門学校 College of technology
□ 高等学校 Senior high school　□ 中学校 Junior high school　□ その他（　　　） Others
(1)学校名 Name of school ____________　(2)卒業年月日 Date of graduation ______ 年 Year　月 Month　日 Day

23 専攻・専門分野 Major field of study
(22で大学院(博士)～短期大学の場合) (Check one of the followings when the answer to the question 22 is from doctor to junior college)
□ 法学 Law　□ 経済学 Economics　□ 政治学 Politics　□ 商学 Commercial science　□ 経営学 Business administration　□ 文学 Literature
□ 語学 Linguistics　□ 社会学 Sociology　□ 歴史学 History　□ 心理学 Psychology　□ 教育学 Education　□ 芸術学 Science of art
□ その他人文・社会科学（　　　） Others(cultural / social science)　□ 理学 Science　□ 化学 Chemistry　□ 工学 Engineering
□ 農学 Agriculture　□ 水産学 Fisheries　□ 薬学 Pharmacy　□ 医学 Medicine　□ 歯学 Dentistry
□ その他自然科学（　　　） Others(natural science)　□ 体育学 Sports science　□ 介護福祉 Nursing care and welfare　□ その他（　　　） Others
(22で専門学校の場合) (Check one of the followings when the answer to the question 22 is college of technology)
□ 工業 Engineering　□ 農業 Agriculture　□ 医療・衛生 Medical services / Hygienics　□ 教育・社会福祉 Education / Social welfare　□ 法律 Law
□ 商業実務 Practical commercial business　□ 服飾・家政 Dress design / Home economics　□ 文化・教養 Culture / Education　□ 介護福祉 Nursing care and welfare　□ その他（　　　） Others

24 情報処理技術者資格又は試験合格の有無（情報処理業務従事者のみ記入）　有 Yes ・/ 無 No
Does the applicant have any qualifications for information processing or has he / she passed the certifying examination? (when the applicant is engaged in information processing)
（資格名又は試験名）(Name of the qualification or certifying examination) ____________

25 職 歴 Employment history

入社 Date of joining the company 年 Year	入社 月 Month	退社 Date of leaving the company 年 Year	退社 月 Month	勤務先名称 Place of employment	入社 Date of joining the company 年 Year	入社 月 Month	退社 Date of leaving the company 年 Year	退社 月 Month	勤務先名称 Place of employment

26 申請人，法定代理人，法第7条の2第2項に規定する代理人
(Applicant, legal representative or the authorized representative, prescribed in Paragraph 2 of Article 7-2.)
(1)氏 名 Name ____________　(2)本人との関係 Relationship with the applicant ____________
(3)住 所 Address ____________
電話番号 Telephone No. ____________　携帯電話番号 Cellular Phone No. ____________

以上の記載内容は事実と相違ありません。
申請人（代理人）の署名／申請書作成年月日
I hereby declare that the statement given above is true and correct.
Signature of the applicant (representative) / Date of filling in this form
年 Year　月 Month　日 Day

注 意　申請書作成後申請までに記載内容に変更が生じた場合，申請人（代理人）が変更箇所を訂正し，署名すること。
Attention　In cases where descriptions have changed after filling in this application form up until submission of this application, the applicant (representative) must correct the part concerned and sign their name.

※ 取次者 Agent or other authorized person
(1)氏 名 Name ____________　(2)住 所 Address ____________
(3)所属機関等 Organization to which the agent belongs ____________　電話番号 Telephone No. ____________

外国人社員の職歴を記載します。職歴が多くて書ききれない場合は、「別紙のとおり」と書き、職務経歴書を別途作成します。職歴がない場合は「なし」と記入します。空欄はNGです。

26　申請人、法定代理人、法第7条の2第2項に規定する代理人

(1)には雇用会社の社長か、人事責任者の氏名を書きます。(2)は「雇用主」などと書きます。(3)住所、電話番号は、会社のものでかまいません。

最後に、署名と年月日を記入します。一番下の「※取次者」とは、行政書士に依頼した場合に行政書士側で記入する署名欄になります。

3枚目　所属機関等作成用（図表11参照）

1　雇用又は招へいする外国人の氏名

今回、海外から呼ぼうとしている外国人の氏名を書きます。

2　契約の形態

該当する契約形態の□にチェックを入れます。

3　所属機関等契約先

(1)名称には、法人の場合は社名を書きます。個人事業主の場合は屋号を書きます。

(2)法人番号には、会社の法人番号を記入します。法人番号は、国税庁の法人番号公表サイトにて調べることができます。個人事業主は、なしと記載します。

【図表 11　在留資格認定証明書交付申請書（３枚目）】

所属機関等作成用 1　　N （「高度専門職（1号イ・ロ）」・「研究」・「技術・人文知識・国際業務」・「介護」・「技能」・「特定活動（研究活動等），（本邦大学卒業者）」）
For organization, part 1 N ("Highly Skilled Professional(i)(a/b)" / "Researcher" / "Engineer / Specialist in Humanities / International Services " / "Nursing Care" / "Skilled Labor" / "Designated Activities(Researcher or IT engineer of a designated organization), (Graduate from a university in Japan)")
在留資格認定証明書用
For certificate of eligibility

1　契約又は招へいする外国人の氏名
Name of foreign national being offered a contract or invitation ＿＿＿＿＿＿＿＿

2　契約の形態　Type of contract
□ 雇用 Employment　□ 委任 Entrustment　□ 請負 Service contract　□ その他（　　　　） Others

3　所属機関等契約先　Place of employment
※(5)，(8)及び(9)については，主たる勤務場所について記載すること。
For sub-items (5), (8) and (9) give the address and telephone number of employees of your principal place of employment.
※国・地方公共団体，独立行政法人，公益財団・社団法人その他非営利法人の場合は(6)及び(7)の記載は不要。
In cases of a national or local government, incorporated administrative agency, public interest incorporated association or foundation or some other nonprofit corporation, you are not required to fill in sub-items (6) and (7).

(1)名称 Name ＿＿＿＿＿＿＿＿　(2)法人番号（13桁） Corporation no. (combination of 13 numbers and letters) ＿＿＿＿＿＿＿＿

(3)支店・事業所名 Name of branch ＿＿＿＿＿＿＿＿

(4)事業内容　Type of business
○主たる事業内容を以下から選択して番号を記入（1つのみ）
Select the main business type from below and write the corresponding number (select only one) ＿＿＿＿

○他に事業内容があれば以下から選択して番号を記入（複数選択可）
If there are other business types, select from below and write the corresponding number (multiple answers possible) ＿＿＿＿

製造業 Manufacturing【 ①食料品 Food products　②繊維工業 Textile industry　③プラスチック製品 Plastic products　④金属製品 Metal products
⑤生産用機械器具 Industrial machinery and equipment　⑥電気機械器具 Electrical machinery and equipment　⑦輸送用機械器具 Transportationmachinery and equipment　⑧その他（　　　） Others 】

卸売業 Wholesale【 ⑨各種商品（総合商社等） Various products (general trading company, etc.)　⑩繊維・衣服等 Textile, clothing, etc.　⑪飲食料品 Food and beverages
⑫建築材料，鉱物・金属材料等 Building materials, mineral and metal materials etc.　⑬機械器具 Machinery and equipment　⑭その他（　　　） Others 】

小売業 Retail【 ⑮各種商品 Various products　⑯織物・衣服・身の回り品 Fabric, clothing, personal belongings
⑰飲食料品（コンビニエンスストア等） Food and beverages (convenience store, etc.)　⑱機械器具小売業 Machinery and equipment retailing　⑲その他（　　　） Others 】

学術研究，専門・技術サービス業　Academic research, specialized / technical services
【 ⑳学術・開発研究機関 Academic research, specialized / technical service industry　㉑専門サービス業（他に分類されないもの） Specialized service industry (not categorized elsewhere)
㉒広告業 Advertising industry　㉓技術サービス業（他に分類されないもの） Technical service industry (not categorized elsewhere) 】

医療・福祉業 Medical / welfare services【 ㉔医療業 Medical industry　㉕保健衛生 Health and hygiene　㉖社会保険・社会福祉・介護事業 Social insurance / social welfare / nursing care 】

㉗農林業 Agriculture　㉘漁業 Fishery　㉙鉱業，採石業，砂利採取業 Mining, quarrying, gravel extraction　㉚建設業 Construction　㉛電気・ガス・熱供給・水道業 Electricity, gas, heat supply, water supply
㉜情報通信業 Information and communication industry　㉝運輸・信書便事業 Transportation and correspondence　㉞金融・保険業 Finance / insurance　㉟不動産・物品賃貸業 Real estate / rental goods
㊱宿泊業 Accommodation　㊲飲食サービス業 Food and beverage service industry　㊳生活関連サービス（理容・美容等）・娯楽業 Lifestyle-related services (barber / beauty, etc.) / entertainment industry
㊴学校教育 School education　㊵その他の教育，学習支援業 Other education, learning support industry　㊶職業紹介・労働者派遣業 Employment placement / worker dispatch industry
㊷複合サービス事業（郵便局，農林水産業協同組合，事業協同組合（他に分類されないもの））
Combined services (post office, agriculture, forestry and fisheries cooperative association, business cooperative (not categorized elsewhere))
㊸その他の事業サービス業（速記・ワープロ入力・複写業，建物サービス業，警備業等）
Other business services (shorthand / word processing / copying, building services, security business, etc.)
㊹その他のサービス業（　　　） Other service industries　㊺宗教 Religion　㊻公務（他に分類されないもの） Public service (not categorized elsewhere)
㊼分類不能の産業（　　　） Unclassifiable industry

(5)所在地 Address ＿＿＿＿＿＿＿＿　電話番号 Telephone No. ＿＿＿＿＿＿＿＿
(6)資本金 Capital ＿＿＿＿＿＿＿＿ 円 Yen　(7)年間売上高（直近年度） Annual sales (latest year) ＿＿＿＿＿＿＿＿ 円 Yen

(3)支店・事業所名があれば書きます。

(4)事業内容では、会社のメインの事業内容を1つだけ選び、他に事業内容がある場合は該当するものを選びます。

(5)所在地には、実際に勤務する住所を書きます。支店で働く場合は支店の住所です。必ずしも本社所在地の住所を書くわけではありません。

(6)資本金には、資本金の額を書きます。

(7)年間売上高（直近年度）には、決算報告書を見ながら直近年度の売上を書きます。

4枚目　所属機関等作成用（図表12参照）

(8)従業員数には、総従業員数（非常勤を含む）を書きます。

(9)外国人職員数には、外国人従業員数（非常勤）のみを書きます。

4　就労予定期間

雇用契約書等の労働条件が記載してある書面の契約期間を記入します。

5　給与・報酬（税引き前の支払額）

年額か月額かにチェックを入れ、金額を記入します。

6　実務経験年数

実務経験年数があれば年数を記入します。ない場合は0年と書きます。アルバイトの実務経験は

【図表 12　在留資格認定証明書交付申請書（４枚目）】

所属機関等作成用 2　N（「高度専門職（1号イ・ロ）」・「研究」・「技術・人文知識・国際業務」・「介護」・「技能」・「特定活動（研究活動等），（本邦大学卒業者）」）
For organization, part 2 N ("Highly Skilled Professional(i)(a/b)" / "Researcher" / "Engineer / Specialist in Humanities / International Services " / Nursing Care / "Skilled Labor" / "Designated Activities(Researcher or IT engineer of a designated organization), (Graduate from a university in Japan)")

在留資格認定証明書用
For certificate of eligibility

(8)従業員数 Number of employees ＿＿＿＿ 名　(9)外国人職員数 Number of foreign employees ＿＿＿＿ 名

4 就労予定期間
Period of work ＿＿＿＿

5 給与・報酬（税引き前の支払額）
Salary/Reward (amount of payment before taxes) ＿＿＿＿ 円 Yen（ □ 年額 Annual □ 月額 Monthly ）

6 実務経験年数
Business experience ＿＿＿＿ 年　7 職務上の地位（役職名）
Position(Title) □ あり（　　　　） Yes □ なし No

8 職務内容 Type of work
○主たる職務内容を以下から選択して番号を記入（1つのみ）
Select the main type of work from below, and fill in the number (select only one) ＿＿＿＿

○「技術・人文知識・国際業務」「高度専門職」又は「特定活動」での入国を希望する場合で，他に職務内容があれば以下から選択して番号を記入（複数選択可）＿＿＿＿
If the applicant wishes to enter Japan with the status of residence of "Engineer / Specialist in Humanities / International Services", "Highly Skilled Professional" or "Designated Activities", and will also engage in other types of work, select from below and write the corresponding number (multiple answers possible)

(1)「研究」での入国を希望する場合
Fill in this section if the applicant wishes to enter Japan with the status of residence of "Researcher".
①調査研究 Research

(2)「技術・人文知識・国際業務」での入国を希望する場合
Fill in this section if the applicant wishes to enter Japan with the status of residence of "Engineer / Specialist in Humanities / International Services".
技術開発 Technology development【②農林水産分野 Agriculture, forestry, and fisheries field　③食品分野 Food products field　④機械器具分野 Machinery and equipment field　⑤その他製造分野（　　　）Other manufacturing field】
生産管理 Production management【⑥食品分野 Food products field　⑦機械器具分野 Machinery and equipment field　⑧その他製造分野（　　　）Other manufacturing field】
⑨管理業務（経営者を除く）Management work (excluding executives)　⑩調査研究 Research　⑪情報処理・通信技術 Information processing, communications technology　⑫CADオペレーション CAD operation
⑬翻訳・通訳 Translation / Interpretation　⑭海外取引業務 Overseas trading business　⑮コピーライティング Copywriting　⑯報道 Journalism　⑰編集 Editing
⑱デザイン Design　⑲企画事務（マーケティング，リサーチ）Planning administration work (marketing, research)　⑳企画事務（広報・宣伝）Planning administration work (public relations, advertising)
㉑法人営業 Corporate sales　㉒金融・保険 Finance / insurance　㉓建築・土木・測量技術 Architecture, civil engineering, surveying techniques
㉔教育（教育機関以外）Education(other than educational institutions)　㉕法律関係業務 Legal business　㉖会計事務 Accounting business　㉗その他（　　　）Others

(3)「技能」での入国を希望する場合
Fill in this section if the applicant wishes to enter Japan with the status of residence of "Skilled Labor".
㉘調理 Cooking　㉙外国特有の建築技術 Foreign country-specific construction technology　㉚外国特有の製品製造 Foreign country-specific product manufacturing
㉛宝石・貴金属・毛皮加工 Jewels, precious metal, fur processing　㉜動物の調教 Animal training　㉝石油・地熱等掘削調査 Drilling survey for oil, geothermal energy, etc.
㉞パイロット Pilot　㉟スポーツ指導 Sports instruction　㊱ソムリエ Sommelier

(4)「介護」での入国を希望する場合
Fill in this section if the applicant wishes to enter Japan with the status of residence of "Nursing Care".
㊲介護福祉士 Certified care worker

(5)「高度専門職」での入国を希望する場合は，上記(1)から(4)のいずれかを主たる職務内容として選択した上で，当該活動と併せて当該活動と関連する事業を自ら経営する活動を行う場合のみ以下を選択
If the applicant wishes to enter Japan with the status of residence of "Intra-company transferee", "Journalist" or "Highly Skilled Professional", select from (1) to (4) above as the main occupation,and only select from below if the applicant will, together with these activities, be engaging in other activities to personally operate a business related to such activities.
㊳経営（高度専門職）Executive(Highly Skilled Professional)

(6)「特定活動」（特定研究等活動（告示36号）及び特定情報処理活動（告示37号））での入国を希望する場合
Fill in this section if the applicant wishes to enter Japan with the status of residence of "Designated Activities" (Designated Academic Research Activities (Public Notice No. 36) or Designated Information Processing Activities (Public Notice No. 37)).
㊴情報処理・通信技術者 Information processing, communications technician　㊵研究 Research　㊶研究の指導 Research guidance　㊷教育（大学等）Education(university,etc.)

(7)「特定活動」（本邦大学卒業者）での入国を希望する場合
Fill in this section if the applicant wishes to enter Japan with the status of residence of "Designated Activities"(Graduated from a univirsity)
※(2)の「技術・人文知識・国際業務」の中からも選択可能
※Selectable from abovementioned (2) "Engineer / Specialist in Humanities / International Services"
㊸接客（販売店）Service(stores)　㊹接客（飲食店）Service(restaurants)　㊺接客（その他（　　　））Service(others)　㊻製品製造 Product manufacturing　㊼その他（　　　）Others

含めません。

7　職務上の地位（役職名）

役職がある場合は、あり□にチェックを入れて役職名（部長等）を記載します。ない場合は、なし□にチェックを入れます。

8　職務内容

メインとなる職務内容を1つだけ選び、他に職務内容がある場合は該当するものを選びます。

5枚目、所属機関等作成用（図表13参照）

9　派遣先等（人材派遣の場合又は勤務地が3と異なる場合に記入）

派遣社員や在籍型出向等で所属機関と勤務する会社が違う場合に記入していきます。

(1)名称には、法人の場合は社名を書きます。個人事業主の場合は屋号を書きます。

(2)法人番号には、会社の法人番号を記入します。法人番号は、国税庁の法人番号公表サイトにて調べることができます。個人事業主は、なしと記載します。

(3)支店・事業所名があれば書きます。

(4)事業内容では、会社のメインの事業内容を1つだけ選び、他に事業内容がある場合は該当するものを選びます。

(5)所在地、電話番号を書きます。

【図表13　在留資格認定証明書交付申請書（5枚目）】

所属機関等作成用 3　N（「高度専門職（1号イ・ロ）」・「研究」・「技術・人文知識・国際業務」・「介護」・「技能」・「特定活動（研究活動等）、（本邦大学卒業者）」）
For organization, part 3 N ("Highly Skilled Professional(i)(a/b)" / "Researcher" / "Engineer / Specialist in Humanities / International Services" / "Nursing Care" / "Skilled Labor" / "Designated Activities(Researcher or IT engineer of a designated organization), (Graduate from a university in Japan)")
在留資格認定証明書用 For certificate of eligibility

9 派遣先等（人材派遣の場合又は勤務地が3と異なる場合に記入）
Dispatch site (Fill in the following if your answer to question 3-(4) is "Dispatch of personnel" or if the place of employment differs from that given in 3)

(1)名称 Name ＿＿＿＿＿＿　(2)法人番号（13桁） Corporation no. (combination of 13 numbers and letters) ＿＿＿＿＿＿

(3)支店・事業所名 Name of branch ＿＿＿＿＿＿

(4)事業内容 Type of business
○主たる事業内容を以下から選択して番号を記入（1つのみ）
Select the main business type from below and write the corresponding number (select only one) ＿＿＿

○他に事業内容があれば以下から選択して番号を記入（複数選択可）
If there are other business types, select from below and write the corresponding number (multiple answers possible) ＿＿＿

製造業 Manufacturing 【①食料品 Food products　②繊維工業 Textile industry　③プラスチック製品 Plastic products　④金属製品 Metal products
⑤生産用機械器具 Industrial machinery and equipment　⑥電気機械器具 Electrical machinery and equipment　⑦輸送用機械器具 Transportationmachinery and equipment　⑧その他（　　）Others】

卸売業 Wholesale 【⑨各種商品（総合商社等） Various products (general trading company, etc.)　⑩繊維・衣服等 Textile, clothing, etc.　⑪飲食料品 Food and beverages
⑫建築材料，鉱物・金属材料等 Building materials, mineral and metal materials etc.　⑬機械器具 Machinery and equipment　⑭その他（　　）Others】

小売業 Retail 【⑮各種商品 Various products　⑯織物・衣服・身の回り品 Fabric, clothing, personal belongings
⑰飲食料品（コンビニエンスストア等） Food and beverages (convenience store, etc.)　⑱機械器具小売業 Machinery and equipment retailing　⑲その他（　　）Others】

学術研究，専門・技術サービス業 Academic research, specialized / technical services
【⑳学術・開発研究機関 Academic research, specialized / technical service industry　㉑専門サービス業（他に分類されないもの） Specialized service industry (not categorized elsewhere)
㉒広告業 Advertising industry　㉓技術サービス業（他に分類されないもの） Technical service industry (not categorized elsewhere)】

医療・福祉業 Medical / welfare services 【㉔医療業 Medical industry　㉕保健衛生 Health and hygiene　㉖社会保険・社会福祉・介護事業 Social insurance / social welfare / nursing care】

㉗農林業 Agriculture　㉘漁業 Fishery　㉙鉱業，採石業，砂利採取業 Mining, quarrying, gravel extraction　㉚建設業 Construction　㉛電気・ガス・熱供給・水道業 Electricity, gas, heat supply, water supply
㉜情報通信業 Information and communication industry　㉝運輸・信書便事業 Transportation and correspondence　㉞金融・保険業 Finance / insurance　㉟不動産・物品賃貸業 Real estate / rental goods
㊱宿泊業 Accommodation　㊲飲食サービス業 Food and beverage service industry　㊳生活関連サービス（理容・美容等）・娯楽業 Lifestyle-related services (barber / beauty, etc.) / entertainment industry
㊴学校教育 School education　㊵その他の教育，学習支援業 Other education, learning support industry　㊶職業紹介・労働者派遣業 Employment placement / worker dispatch industry
㊷複合サービス事業（郵便局，農林水産業協同組合，事業協同組合（他に分類されないもの））
Combined services (post office, agriculture, forestry and fisheries cooperative association, business cooperative (not categorized elsewhere))
㊸その他の事業サービス業（速記・ワープロ入力・複写業，建物サービス業，警備業等）
Other business services (shorthand / word processing / copying, building services, security business, etc.)
㊹その他のサービス業（　　） Other service industries　㊺宗教 Religion　㊻公務（他に分類されないもの） Public service (not categorized elsewhere)
㊼分類不能の産業（　　） Unclassifiable industry

(5)所在地 Address ＿＿＿＿＿＿
電話番号 Telephone No. ＿＿＿＿＿＿

【図表 14　在留資格認定証明書交付申請書（6 枚目）】

所属機関等作成用 4　N（「高度専門職（1号イ・ロ）」・「研究」・「技術・人文知識・国際業務」・「介護」・「技能」・「特定活動（研究活動等），（本邦大学卒業者）」）
For organization, part 4 N ("Highly Skilled Professional(i)(a/b)" / "Researcher" / "Engineer / Specialist in Humanities / International Services" / "Nursing Care" / "Skilled Labor" / "Designated Activities(Researcher or IT engineer of a designated organization), (Graduate from a university in Japan)")

在留資格認定証明書用
For certificate of eligibility

(6)資本金 Capital ＿＿＿＿＿＿＿＿ 円 Yen

(7)年間売上高（直近年度） Annual sales (latest year) ＿＿＿＿＿＿＿＿ 円 Yen

(8)派遣予定期間 Period of dispatch ＿＿＿＿＿＿＿＿

以上の記載内容は事実と相違ありません。 I hereby declare that the statement given above is true and correct.
勤務先又は所属機関等契約先の名称，代表者氏名の記名及び押印／申請書作成年月日
Name of the workplace or contracting organization and its representative, and official seal of the organization ／ Date of filling in this form

印 Seal　　年 Year　月 Month　日 Day

注意　Attention
申請書作成後申請までに記載内容に変更が生じた場合，所属機関等が変更箇所を訂正し，押印すること。
In cases where descriptions have changed after filling in this application form up until submission of this application, the organization must correct the part concerned and press its seal on the correction.

６枚目、所属機関等作成用（図表14参照）

⑹資本金は、資本金の額を書きます。

⑺年間売上高（直近年度）には、決算報告書を見ながら直近年度の売上を書きます。

⑻派遣予定期間を書きます。

最後は、会社名と代表者氏名、会社印、日付を記入します。

例：○○○株式会社　代表取締役○○○　　会社印　　○○年○月○日となります。

3　在留資格変更許可申請書の書き方（ビザ変更）

１枚目　申請人等作成用（図表15参照）

証明写真

写真は、縦が４㎝、横が３㎝の証明写真です。基本的には、３か月以内に撮影したものです。以前の在留カードと同じ写真や、パスポートと同じ写真では、入管窓口で撮り直しを指示され、別の写真を貼るように言われますのでご注意ください。

１　国籍・地域

この欄には、申請人の国籍を記入します。

【図表 15　在留資格変更許可申請書（１枚目）】

別記第三十号様式（第二十条関係）
申請人等作成用 1
For applicant, part 1

日本国政府法務省
Ministry of Justice,Government of Japan

在留資格変更許可申請書
APPLICATION FOR CHANGE OF STATUS OF RESIDENCE

写真
Photo

法務大臣殿
To the Minister of Justice

出入国管理及び難民認定法第20条第2項の規定に基づき，次のとおり在留資格の変更を申請します。
Pursuant to the provisions of Paragraph 2 of Article 20 of the Immigration Control and Refugee Recognition Act,
I hereby apply for a change of status of residence.

1 国籍・地域 Nationality/Region ＿＿＿＿＿　2 生年月日 Date of birth ＿＿＿ 年 Year　月 Month　日 Day

3 氏名 Name　Family name ＿＿＿＿ Given name ＿＿＿＿

4 性別 Sex　男・女 Male/Female　5 出生地 Place of birth ＿＿＿＿　6 配偶者の有無 Marital status　有・無 Married / Single

7 職業 Occupation ＿＿＿＿　8 本国における居住地 Home town/city ＿＿＿＿

9 住居地 Address in Japan ＿＿＿＿＿＿＿＿

電話番号 Telephone No. ＿＿＿＿　携帯電話番号 Cellular phone No. ＿＿＿＿

10 旅券 Passport　(1)番号 Number ＿＿＿＿　(2)有効期限 Date of expiration ＿＿＿ 年 Year　月 Month　日 Day

11 現に有する在留資格 Status of residence ＿＿＿＿　在留期間 Period of stay ＿＿＿＿

在留期間の満了日 Date of expiration ＿＿＿ 年 Year　月 Month　日 Day

12 在留カード番号 Residence card number ＿＿＿＿

13 希望する在留資格 Desired status of residence ＿＿＿＿

在留期間 Period of stay ＿＿＿＿　（審査の結果によって希望の期間とならない場合があります。）(It may not be as desired after examination.)

14 変更の理由 Reason for change of status of residence ＿＿＿＿＿＿＿＿

15 犯罪を理由とする処分を受けたことの有無（日本国外におけるものを含む。） Criminal record (in Japan / overseas)
有（具体的内容 ＿＿＿＿＿＿＿＿ ）・無
Yes (Detail: ＿＿＿＿＿＿＿＿) / No

16 在日親族（父・母・配偶者・子・兄弟姉妹など）及び同居者
Family in Japan(Father, Mother, Spouse, Son, Daughter, Brother, Sister or others) or co-residents
有（「有」の場合は，以下の欄に在日親族及び同居者を記入してください。）・無
Yes (If yes, please fill in your family members in Japan and co-residents in the following columns) / No

続柄 Relationship	氏名 Name	生年月日 Date of birth	国籍・地域 Nationality/Region	同居の有無 Residing with applicant or not	勤務先名称・通学先名称 Place of employment/ school	在留カード番号 特別永住者証明書番号 Residence card number Special Permanent Resident Certificate number
				有・無 Yes / No		
				有・無 Yes / No		
				有・無 Yes / No		
				有・無 Yes / No		
				有・無 Yes / No		
				有・無 Yes / No		

※ 16については，記載欄が不足する場合は別紙に記入して添付すること。なお，「研修」，「技能実習」に係る申請の場合は記載不要です。
Regarding item 16, if there is not enough space in the given columns to write in all of your family in Japan, fill in and attach a separate sheet.
In addition, take note that you are not required to fill in item 16 for applications pertaining to "Trainee" or "Technical Intern Training".

（注）裏面参照の上，申請に必要な書類を作成して下さい。 Note : Please fill in forms required for application. (See notes on reverse side.)

例：中国、韓国、ベトナムなど
　地域とあるのは、日本の立場から国とされていない台湾や香港などが該当します。基本的には、国名を書いておけば間違いありません。

2　生年月日

　生年月日は、必ず西暦を使ってください。昭和や平成は使いません。
例：1985年3月5日など

3　氏名

氏名は、基本的にパスポートどおりに記入します。

中国人や韓国人のような漢字の名前がある場合は、漢字とアルファベットを必ず併記するようにします。

アルファベットしかない名前の場合は、アルファベットだけで構いません。

中国人の記載例：王　柳　Wang Liu

4　性別

　どちらかの性別に丸をつけます。

5　出生地

　生まれた場所を記入します。
例：中国上海市　など

6　配偶者の有無

「有」か「無」に丸をつけます。

7　職業

申請人の現在の職業を記載します。

例：会社員、学生など

8　本国における居住地

外国人社員の母国の住所を記入します。

9　住居地

日本の住所と電話番号、携帯電話番号を記入します。固定電話がない場合は「なし」と書きます。

10　旅券

旅券とは、パスポートのことです。外国人社員のパスポートを見ながら、⑴の番号はパスポートのナンバーを書きます。⑵の有効期限はパスポートの有効期限を書きます。有効期限は、数字で記入してください。

11　現に有する在留資格

現在持っている在留資格（ビザ）の種類を書きます。

例：技術・人文知識・国際業務

在留期間を書きます。

例：1年、3年など
在留期限の満了日は、在留カードを見て書きます。

12　在留カード番号
現に持っている在留カードを見て在留カード番号を記入します。

13　希望する在留資格
今回取りたい在留資格の種類と希望する在留期間を書きます。希望する在留期間は、3年とか5年とか長めに書いておいたほうがよいです。1年と書けば1年になってしまいます。

14　変更の理由
在留資格を変更したい理由を書くわけですが、1行しかないため「別紙のとおり」と書き、理由書で詳細をまとめることをおすすめします。

15　犯罪を理由とする処分を受けたことの有無
犯罪で処分を受けたことがあるかということです。処分を受けたことなので、具体的に懲役や罰金などが該当します。

わかりやすくいえば、自転車泥棒で捕まったことがあっても、罰金などの処分を受けてなければ「無」となります。

16　在日親族（父・母・配偶者・子・兄弟姉妹など）及び同居者
外国人社員の親族が日本にいるかどうかを「有」か「無」に○をつけます。有の場合は、在留カード番号や勤務先の社名や通学先の学校名なども具体的に記入しなければなりません。

注意点は、同居者も記入するということです。シェアハウスで友人と同居しているような場合は、友人の名前などの個人情報も記入することになります。

2枚目　申請人等作成用（図表16参照）

17　勤務先

勤務先の名称、支店・事業所名、所在地、電話番号を記入します。

18　最終学歴

外国人社員の最終学歴にどれかをチェックし、(1)学校名と(2)卒業年月日を記入します。

19　専攻・専門分野

外国人社員の卒業した大学等での専攻分野にチェックを入れます。

20　情報処理技術者資格又は試験合格の有無

情報処理業務従事者のみ資格の「有」、「無」のどちらかに○をつけます。この資格というのは、資格があれば学歴を問わないとされている資格のことをいいます。

21　職歴

外国人社員の職歴を記載します。職歴が多く書ききれない場合は、「別紙のとおり」と書き、職務経歴書を別途作成します。職歴がない場合は、「なし」と記入します。空欄のまま放置するのは、

【図表 16　在留資格変更許可申請書（２枚目）】

申請人等作成用 2　N（「高度専門職（1号イ・ロ）」・「高度専門職（2号）」（変更申請の場合のみ）・「研究」・「技術・人文知識・国際業務」・「介護」・「技能」・「特定活動（研究活動等），（本邦大学卒業者）」）
For applicant, part 2 N ("Highly Skilled Professional(i)(a/b)" / "Highly Skilled Professional(ii)" (only in cases of change of status) / "Researcher" / "Engineer / Specialist in Humanities / International Services" / "Nursing Care" / "Skilled Labor"/ "Designated Activities(Researcher or IT engineer of a designated organization), (Graduate from a university in Japan)")

在留期間更新・在留資格変更用
For extension or change of status

17 勤務先 Place of employment
※ (2)及び(3)については，主たる勤務場所の所在地及び電話番号を記載すること。
For sub-items (2) and (3), give the address and telephone number of your principal place of employment.
(1)名称 Name ______　支店・事業所名 Name of branch ______
(2)所在地 Address ______　(3)電話番号 Telephone No. ______

18 最終学歴（介護業務従事者の場合は本邦の介護福祉士養成施設について記入）
Education (if you engage in activities of nursing care or teaching nursing care, fill in details about the certified care worker training facility in Japan)
□ 大学院（博士） Doctor　□ 大学院（修士） Master　□ 大学 Bachelor　□ 短期大学 Junior college　□ 専門学校 College of technology
□ 高等学校 Senior high school　□ 中学校 Junior high school　□ その他（　　） Others
(1)学校名 Name of school ______　(2)卒業年月日 Date of graduation　年 Year　月 Month　日 Day

19 専攻・専門分野 Major field of study
（18で大学院（博士）～短期大学の場合） (Check one of the followings when the answer to the question 18 is from doctor to junior college)
□ 法学 Law　□ 経済学 Economics　□ 政治学 Politics　□ 商学 Commercial science　□ 経営学 Business administration　□ 文学 Literature
□ 語学 Linguistics　□ 社会学 Sociology　□ 歴史学 History　□ 心理学 Psychology　□ 教育学 Education　□ 芸術学 Science of art
□ その他人文・社会科学（　　） Others(cultural / social science)　□ 理学 Science　□ 化学 Chemistry　□ 工学 Engineering
□ 農学 Agriculture　□ 水産学 Fisheries　□ 薬学 Pharmacy　□ 医学 Medicine　□ 歯学 Dentistry
□ その他自然科学（　　） Others(natural science)　□ 体育学 Sports science　□ 介護福祉 Nursing care and welfare　□ その他（　　） Others
（18で専門学校の場合）
□ 工業 Engineering　□ 農業 Agriculture　□ 医療・衛生 Medical services / Hygienics　□ 教育・社会福祉 Education / Social welfare　□ 法律 Law
□ 商業実務 Practical commercial business　□ 服飾・家政 Dress design / Home economics　□ 文化・教養 Culture / Education　□ 介護福祉 Nursing care and welfare　□ その他（　　） Others

20 情報処理技術者資格又は試験合格の有無（情報処理業務従事者のみ記入）　有・無 Yes / No
Does the applicant have any qualifications for information processing or has he / she passed the certifying examination?

(when the applicant is engaged in information processing)

（資格名又は試験名）

(Name of the qualification or certifying examination) ______

21 職歴 Employment history

入社 Date of joining the company		退社 Date of leaving the company		勤務先名称 Place of employment	入社 Date of joining the company		退社 Date of leaving the company		勤務先名称 Place of employment
年 Year	月 Month	年 Year	月 Month		年 Year	月 Month	年 Year	月 Month	

22 代理人（法定代理人による申請の場合に記入） Legal representative (in case of legal representative)
(1)氏 名 Name ______　(2)本人との関係 Relationship with the applicant ______
(3)住 所 Address ______
電話番号 Telephone No. ______　携帯電話番号 Cellular Phone No. ______

以上の記載内容は事実と相違ありません。 I hereby declare that the statement given above is true and correct.
申請人（法定代理人）の署名／申請書作成年月日 Signature of the applicant (representative) / Date of filling in this form
年 Year　月 Month　日 Day

注意 Attention
申請書作成後申請までに記載内容に変更が生じた場合，申請人（法定代理人）が変更箇所を訂正し，署名すること。
In cases where descriptions have changed after filling in this application form up until submission of this application, the applicant (representative) must correct the part concerned and sign their name.

※ 取次者 Agent or other authorized person
(1)氏 名 Name ______　(2)住 所 Address ______
(3)所属機関等（親族等については，本人との関係） Organization to which the agent belongs(in case of a relative, relationship with the applicant) ______　電話番号 Telephone No. ______

NGです。

22　代理人

法定代理人による申請の場合だけに記入するので、在留資格変更許可申請の場合はほとんどのケースで⑴、⑵、⑶は空欄になるはずです。

最後に申請人が署名と年月日を記入します。

一番下の「※取次者」は、行政書士に依頼した場合に行政書士側で記入する署名欄になります。

3枚目　所属機関等作成用（図表17参照）

1　契約又は招へいしている外国人の氏名及び在留カード番号

今回、契約しようとしている外国人の氏名を書きます。

2　契約の形態

該当する契約形態の□にチェックをつけます。

3　勤務先

⑴名称には、法人の場合は社名を書きます。個人事業主の場合は屋号を書きます。

⑵法人番号には、会社の法人番号を記入します。法人番号は、国税庁の法人番号公表サイトにて調べることができます。個人事業主は、なしと記載します。

⑶支店・事業所名があれば書きます。

【図表17　在留資格変更許可申請書（3枚目）】

所属機関等作成用1　N（「高度専門職（1号イ・ロ）」・「高度専門職（2号）」（変更申請の場合のみ）・「研究」・「技術・人文知識・国際業務」・「介護」・「技能」・「特定活動（研究活動等），（本邦大学卒業者）」）
For organization, part 1 N ("Highly Skilled Professional(i)(a/b)" / "Highly Skilled Professional(ii)" (only in cases of change of status) / "Researcher" / "Engineer / Specialist in Humanities / International Services" / "Nursing Care" / "Skilled Labor"/ "Designated Activities(Researcher or IT engineer of a designated organization), (Graduate from a university in Japan)")

在留期間更新・在留資格変更用
For extension or change of status

1　契約又は招へいしている外国人の氏名及び在留カード番号
Name and residence card of foreign national being offered a contract or invitation

(1)氏名 Name ______　(2)在留カード番号 Residence card number ______

2　契約の形態 Type of contract
□ 雇用 Employment　□ 委任 Entrustment　□ 請負 Service contract　□ その他（　　） Others

3　勤務先 Place of employment
※(5)，(8)及び(9)については，主たる勤務場所について記載すること。
For sub-items (5), (8) and (9) give the address and telephone number of employees of your principal place of employment.
※国・地方公共団体，独立行政法人，公益財団・社団法人その他非営利法人の場合は(6)及び(7)の記載は不要。
In cases of a national or local government, incorporated administrative agency, public interest incorporated association or foundation or some other nonprofit corporation, you are not required to fill in sub-items (6) and (7).

(1)名称 Name ______　(2)法人番号（13桁） Corporation no. (combination of 13 numbers and letters) ______

(2)支店・事業所名 Name of branch ______

(4)事業内容 Type of business
○主たる事業内容を以下から選択して番号を記入（1つのみ）
Select the main business type from below and write the corresponding number (select only one) ______
○他に事業内容があれば以下から選択して番号を記入（複数選択可）
If there are other business types, select from below and write the corresponding number (multiple answers possible) ______

製造業 Manufacturing【①食料品 Food products　②繊維工業 Textile industry　③プラスチック製品 Plastic products　④金属製品 Metal products　⑤生産用機械器具 Industrial machinery and equipment　⑥電気機械器具 Electrical machinery and equipment　⑦輸送用機械器具 Transportationmachinery and equipment　⑧その他（　　） Others】

卸売業 Wholesale【⑨各種商品（総合商社等） Various products (general trading company, etc.)　⑩繊維・衣服等 Textile, clothing, etc.　⑪飲食料品 Food and beverages　⑫建築材料，鉱物・金属材料等 Building materials, mineral and metal materials etc.　⑬機械器具 Machinery and equipment　⑭その他（　　） Others】

小売業 Retail【⑮各種商品 Various products　⑯織物・衣服・身の回り品 Fabric, clothing, personal belongings　⑰飲食料品（コンビニエンスストア等） Food and beverages (convenience store, etc.)　⑱機械器具小売業 Machinery and equipment retailing　⑲その他（　　） Others】

学術研究，専門・技術サービス業 Academic research, specialized / technical services
【⑳学術・開発研究機関 Academic research, specialized / technical service industry　㉑専門サービス業（他に分類されないもの） Specialized service industry (not categorized elsewhere)　㉒広告業 Advertising industry　㉓技術サービス業（他に分類されないもの） Technical service industry (not categorized elsewhere)】

医療・福祉業 Medical / welfare services【㉔医療業 Medical industry　㉕保健衛生 Health and hygiene　㉖社会保険・社会福祉・介護事業 Social insurance / social welfare / nursing care】

㉗農林業 Agriculture　㉘漁業 Fishery　㉙鉱業，採石業，砂利採取業 Mining, quarrying, gravel extraction　㉚建設業 Construction　㉛電気・ガス・熱供給・水道業 Electricity, gas, heat supply, water supply
㉜情報通信業 Information and communication industry　㉝運輸・信書便事業 Transportation and correspondence　㉞金融・保険業 Finance / insurance　㉟不動産・物品賃貸業 Real estate / rental goods
㊱宿泊業 Accommodation　㊲飲食サービス業 Food and beverage service industry　㊳生活関連サービス（理容・美容等）・娯楽業 Lifestyle-related services (barber / beauty, etc.) / entertainment industry
㊴学校教育 School education　㊵その他の教育，学習支援業 Other education, learning support industry　㊶職業紹介・労働者派遣業 Employment placement / worker dispatch industry
㊷複合サービス事業（郵便局，農林水産業協同組合，事業協同組合（他に分類されないもの））
Combined services (post office, agriculture, forestry and fisheries cooperative association, business cooperative (not categorized elsewhere))
㊸その他の事業サービス業（速記・ワープロ入力・複写業，建物サービス業，警備業等）
Other business services (shorthand / word processing / copying, building services, security business, etc.)
㊹その他のサービス業（　　） Other service industries　㊺宗教 Religion　㊻公務（他に分類されないもの） Public service (not categorized elsewhere)
㊼分類不能の産業（　　） Unclassifiable industry

(5)所在地 Address ______　電話番号 Telephone No. ______

(6)資本金 Capital ______ 円 Yen　(7)年間売上高（直近年度） Annual sales (latest year) ______ 円 Yen

⑷事業内容では、メインを1つだけ選び、他に事業内容がある場合は該当するものを選びます。

⑸所在地には、実際に勤務する住所を書きます。支店で働く場合は支店の住所です。必ずしも本社所在地の住所を書くわけではありません。

⑹資本金の額を書きます。

⑺年間売上高（直近年度）には、決算報告書を見ながら直近年度の売上を書きます。


4枚目、所属機関等作成用（**図表18参照**）

⑻従業員数には、総従業員数（非常勤を含む）を書きます。

⑼外国人職員数には外国人従業員数（非常勤）のみを書きます。

4　就労予定期間

雇用契約書等の労働条件が記載してある書面の契約期間を記入します。

5　給与・報酬（**税引き前の支払額**）

年額か月額かにチェックを入れ、金額を記入します。

6　実務経験年数

実務経験年数を記入します。ない場合は0年と書きます。アルバイトの実務経験は含めません。

7　職務上の地位（**役職名**）

役職がある場合は、あり□にチェックをつけて役職名（部長等）を記載します。ない場合は、な

【図表 18　在留資格変更許可申請書（４枚目）】

所属機関等作成用 2　N（「高度専門職(1号イ・ロ)」・「高度専門職(2号)」(変更申請の場合のみ)・「研究」・「技術・人文知識・国際業務」・「介護」・「技能」・「特定活動(研究活動等),(本邦大学卒業者)」）
For organization, part 2 N("Highly Skilled Professional(i)(a/b)" / "Highly Skilled Professional(ii)"(only in cases of change of status) / "Researcher" / "Engineer / Specialist in Humanities / International Services" / "Nursing Care" / "Skilled Labor"/ "Designated Activities(Researcher or IT engineer of a designated organization), (Graduate from a university in Japan)")

在留期間更新・在留資格変更用
For extension or change of status

(8)従業員数 Number of employees ＿＿＿＿ 名　(9)外国人職員数 Number of foreign employees ＿＿＿＿ 名

4 就労予定期間
Period of work ＿＿＿＿

5 給与・報酬(税引き前の支払額)
Salary/Reward (amount of payment before taxes) ＿＿＿＿ 円 Yen（ □ 年額 Annual　□ 月額 Monthly ）

6 実務経験年数
Business experience ＿＿＿＿ 年　7 職務上の地位(役職名) Position(Title)　□ あり(　　) Yes　□ なし No

8 職務内容　Type of work
○主たる職務内容を以下から選択して番号を記入(1つのみ)
Select the main type of work from below, and fill in the number (select only one) ＿＿＿＿
○「技術・人文知識・国際業務」「高度専門職」又は「特定活動」での在留を希望する場合で，他に職務内容があれば以下から選択して番号を記入(複数選択可) ＿＿＿＿
If the applicant wishes to reside in Japan with the status of residence of "Engineer / Specialist in Humanities / International Services", "Highly Skilled Professional" or "Designated Activities", and will also engage in other types of work, select from below and write the corresponding number (multiple answers possible)

(1)「研究」での在留を希望する場合
Fill in this section if the applicant wishes to reside in Japan with the status of residence of "Researcher"
①調査研究 Research

(2)「技術・人文知識・国際業務」での在留を希望する場合
Fill in this section if the applicant wishes to reside in Japan with the status of residence of "Engineer / Specialist in Humanities / International Services"
技術開発 Technology development【②農林水産分野 Agriculture, forestry, and fisheries field　③食品分野 Food products field　④機械器具分野 Machinery and equipment field　⑤その他製造分野(　　) Other manufacturing field】
生産管理 Production management【⑥食品分野 Food products field　⑦機械器具分野 Machinery and equipment field　⑧その他製造分野(　　) Other manufacturing field】
⑨管理業務(経営者を除く) Management work (excluding executives)　⑩調査研究 Research　⑪情報処理・通信技術 Information processing, communications technology　⑫CADオペレーション CAD operation
⑬翻訳・通訳 Translation / Interpretation　⑭海外取引業務 Overseas trading business　⑮コピーライティング Copywriting　⑯報道 Journalism　⑰編集 Editing
⑱デザイン Design　⑲企画事務(マーケティング，リサーチ) Planning administration work (marketing, research)　⑳企画事務(広報・宣伝) Planning administration work (public relations, advertising)
㉑法人営業 Corporate sales　㉒金融・保険 Finance / insurance　㉓建築・土木・測量技術 Architecture, civil engineering, surveying techniques
㉔教育(教育機関以外) Education(other than educational institutions)　㉕法律関係業務 Legal business　㉖会計事務 Accounting business　㉗その他(　　) Others

(3)「技能」での在留を希望する場合
Fill in this section if the applicant wishes to reside in Japan with the status of residence of "Skilled Labor"
㉘調理 Cooking　㉙外国特有の建築技術 Foreign country-specific construction technology　㉚外国特有の製品製造 Foreign country-specific product manufacturing
㉛宝石・貴金属・毛皮加工 Jewels, precious metal, fur processing　㉜動物の調教 Animal training　㉝石油・地熱等掘削調査 Drilling survey for oil, geothermal energy, etc.
㉞パイロット Pilot　㉟スポーツ指導 Sports instruction　㊱ソムリエ Sommelier

(4)「介護」での在留を希望する場合
Fill in this section if the applicant wishes to reside in Japan with the status of residence of "Nursing care"
㊲介護福祉士 Certified care worker

(5)「高度専門職」での在留を希望する場合は，上記(1)から(4)のいずれかを主たる職務内容として選択した上で，当該活動と併せて当該活動と関連する事業を自ら経営する活動を行う場合のみ以下を選択
If the applicant wishes to reside in Japan with the status of residence of "Intra-company transferee", "Journalist" or "Highly Skilled Professional", select from (1) to (4) above as the main occupation,and only select from below if the applicant will, together with these activities, be engaging in other activities to personally operate a business related to such activities.
㊳経営(高度専門職) Executive(Highly Skilled Professional)

(6)「特定活動」(特定研究等活動(告示36号)及び特定情報処理活動(告示37号))での在留を希望する場合
Fill in this section if the applicant wishes to reside in Japan with the status of residence of "Designated Activities" (Designated Academic Research Activities (Public Notice No. 36) or Designated Information Processing Activities (Public Notice No. 37)).
㊴情報処理・通信技術者 Information processing, communications technician　㊵研究 Research　㊶研究の指導 Research guidance　㊷教育(大学等) Education(university,etc.)

(7)「特定活動」(本邦大学卒業者)での在留を希望する場合
Fill in this section if the applicant wishes to reside in Japan with the status of residence of "Designated Activities"(Graduated from a univirsity)
※(2)の「技術・人文知識・国際業務」の中からも選択可能
※Selectable from abovementioned (2) "Engineer / Specialist in Humanities / International Services"
㊸接客(販売店) Service(stores)　㊹接客(飲食店) Service(restaurants)　㊺接客(その他(　　)) Service(others)　㊻製品製造 Product manufacturing　㊼その他(　　) Others

し□にチェックをつけます。

8　職務内容

メインとなる職務内容を1つだけ選び、他に職務内容がある場合は該当するものを選びます。

5枚目、所属機関等作成用（図表19参照）

9　派遣先等（人材派遣の場合又は勤務地が3と異なる場合に記入）

派遣社員や在籍型出向等で、所属機関と勤務する会社が違う場合に記入していきます。

⑴名称には、法人の場合は社名を書きます。個人事業主の場合は屋号を書きます。

⑵法人番号には、会社の法人番号を記入します。法人番号は、国税庁の法人番号公表サイトにて調べることができます。個人事業主は、なしと記載します。

⑶支店・事業所名があれば書きます。

⑷事業内容では、会社のメインの事業内容を1つだけ選び、他に事業内容がある場合は該当するものを選びます。

⑸所在地、電話番号を書きます。

6枚目、所属機関等作成用（図表20参照）

⑹資本金の額を書きます。

【図表 19　在留資格変更許可申請書（５枚目）】

所属機関等作成用 3　N（「高度専門職（1号イ・ロ）」・「高度専門職（2号）」（変更申請の場合のみ）・「研究」・「技術・人文知識・国際業務」・「介護」・「技能」・「特定活動（研究活動等）,（本邦大学卒業者）」）
For organization, part 3 N ("Highly Skilled Professional(i)(a/b)" / "Highly Skilled Professional(ii)" (only in cases of change of status) / "Researcher" / "Engineer / Specialist in Humanities / International Services" / "Nursing Care" / "Skilled Labor"/ "Designated Activities(Researcher or IT engineer of a designated organization), (Graduate from a university in Japan)")
在留期間更新・在留資格変更用 For extension or change of status

9 派遣先等（人材派遣の場合又は勤務地が3と異なる場合に記入）
Dispatch site (Fill in the following if your answer to question 3-(4) is "Dispatch of personnel" or if the place of employment differs from that given in 3)

(1)名称 Name ＿＿＿＿＿＿＿＿　(2)法人番号（13桁） Corporation no. (combination of 13 numbers and letters) ＿＿＿＿＿＿＿＿

(3)支店・事業所名 Name of branch ＿＿＿＿＿＿＿＿

(4)事業内容　Type of business
○主たる事業内容を以下から選択して番号を記入（1つのみ）
Select the main business type from below and write the corresponding number (select only one) ＿＿＿
○他に事業内容があれば以下から選択して番号を記入（複数選択可）
If there are other business types, select from below and write the corresponding number (multiple answers possible) ＿＿＿

製造業 Manufacturing 【 ①食料品 Food products　②繊維工業 Textile industry　③プラスチック製品 Plastic products　④金属製品 Metal products
⑤生産用機械器具 Industrial machinery and equipment　⑥電気機械器具 Electrical machinery and equipment　⑦輸送用機械器具 Transportationmachinery and equipment　⑧その他（　　　） Others 】

卸売業 Wholesale 【 ⑨各種商品（総合商社等） Various products (general trading company, etc.)　⑩繊維・衣服等 Textile, clothing, etc.　⑪飲食料品 Food and beverages
⑫建築材料，鉱物・金属材料等 Building materials, mineral and metal materials etc.　⑬機械器具 Machinery and equipment　⑭その他（　　　） Others 】

小売業 Retail 【 ⑮各種商品 Various products　⑯織物・衣服・身の回り品 Fabric, clothing, personal belongings
⑰飲食料品（コンビニエンスストア等） Food and beverages (convenience store, etc.)　⑱機械器具小売業 Machinery and equipment retailing　⑲その他（　　　） Others 】

学術研究，専門・技術サービス業 Academic research, specialized / technical services
【 ⑳学術・開発研究機関 Academic research, specialized / technical service industry　㉑専門サービス業（他に分類されないもの） Specialized service industry (not categorized elsewhere)
㉒広告業 Advertising industry　㉓技術サービス業（他に分類されないもの） Technical service industry (not categorized elsewhere) 】

医療・福祉業 Medical / welfare services 【 ㉔医療業 Medical industry　㉕保健衛生 Health and hygiene　㉖社会保険・社会福祉・介護事業 Social insurance / social welfare / nursing care 】

㉗農林業 Agriculture　㉘漁業 Fishery　㉙鉱業，採石業，砂利採取業 Mining, quarrying, gravel extraction　㉚建設業 Construction　㉛電気・ガス・熱供給・水道業 Electricity, gas, heat supply, water supply
㉜情報通信業 Information and communication industry　㉝運輸・信書便事業 Transportation and correspondence　㉞金融・保険業 Finance / insurance　㉟不動産・物品賃貸業 Real estate / rental goods
㊱宿泊業 Accommodation　㊲飲食サービス業 Food and beverage service industry　㊳生活関連サービス（理容・美容等）・娯楽業 Lifestyle-related services (barber / beauty, etc.) / entertainment industry
㊴学校教育 School education　㊵その他の教育，学習支援業 Other education, learning support industry　㊶職業紹介・労働者派遣業 Employment placement / worker dispatch industry
㊷複合サービス事業（郵便局，農林水産業協同組合，事業協同組合（他に分類されないもの）） Combined services (post office, agriculture, forestry and fisheries cooperative association, business cooperative (not categorized elsewhere))
㊸その他の事業サービス業（速記・ワープロ入力・複写業，建物サービス業，警備業等） Other business services (shorthand / word processing / copying, building services, security business, etc.)
㊹その他のサービス業（　　　） Other service industries　㊺宗教 Religion　㊻公務（他に分類されないもの） Public service (not categorized elsewhere)
㊼分類不能の産業（　　　） Unclassifiable industry

(5)所在地 Address ＿＿＿＿＿＿＿＿
電話番号 Telephone No. ＿＿＿＿＿＿＿＿

【図表 20　在留資格変更許可申請書（６枚目）】

所属機関等作成用 4　N（「高度専門職（1号イ・ロ）」・「高度専門職（2号）」（変更申請の場合のみ）・「研究」・「技術・人文知識・国際業務」「介護」・「技能」・「特定活動（研究活動等），（本邦大学卒業者）」）
For organization, part 4 N ("Highly Skilled Professional(i)(a/b)" / "Highly Skilled Professional(ii)" (only in cases of change of status) / "Researcher" / "Engineer / Specialist in Humanities / International Services" / "Nursing Care" / "Skilled Labor" / "Designated Activities(Researcher or IT engineer of a designated organization), (Graduate from a university in Japan)")

在留期間更新・在留資格変更用
For extension or change of status

(6)資本金 ＿＿＿＿＿＿ 円
Capital ＿＿＿＿＿＿ Yen

(7)年間売上高（直近年度） ＿＿＿＿＿＿ 円
Annual sales (latest year) ＿＿＿＿＿＿ Yen

(8)派遣予定期間
Period of dispatch ＿＿＿＿＿＿

以上の記載内容は事実と相違ありません。 I hereby declare that the statement given above is true and correct.
勤務先又は所属機関等契約先の名称，代表者氏名の記名及び押印／申請書作成年月日
Name of the workplace or contracting organization and its representative, and official seal of the organization ／ Date of filling in this

印 Seal　　年 Year　　月 Month　　日 Day

注意　Attention
申請書作成後申請までに記載内容に変更が生じた場合，所属機関等が変更箇所を訂正し，押印すること。
In cases where descriptions have changed after filling in this application form up until submission of this application, the organization must correct the part concerned and press its seal on the correction.

(7)年間売上高（直近年度）には、決算報告書を見ながら直近年度の売上を書きます。
(8)派遣予定期間を書きます。
最後は会社名と代表者氏名、会社印、日付を記入します。
例：○○○株式会社　代表取締役○○○　　会社印　　○○○年○月○日となります。

4　在留期間更新許可申請書の書き方（期間延長）

１枚目　申請人等作成用（図表21参照）

証明写真

写真は、縦が４㎝、横が３㎝の証明写真です。基本的には、３か月以内に撮影したものです。以前の在留カードと同じ写真や、パスポートと同じ写真では入管窓口で撮り直しを指示され、別の写真を貼るように言われますのでご注意ください。

１　国籍・地域

この欄には、申請人の国籍を記入します。
例：中国、韓国、ベトナムなど
地域とあるのは、日本の立場から国とされていない台湾や香港などが該当します。基本的には、

【図表 21　在留期間更新許可申請書（１枚目）】

別記第三十号の二様式（第二十一条関係）
申請人等作成用 1
For applicant, part1

日本国政府法務省
Ministry of Justice,Government of Japan

在　留　期　間　更　新　許　可　申　請　書
APPLICATION FOR EXTENSION OF PERIOD OF STAY

写 真
Photo

法　務　大　臣　殿
To the Minister of Justice

出入国管理及び難民認定法第21条第2項の規定に基づき，次のとおり在留期間の更新を申請します。
Pursuant to the provisions of Paragraph 2 of Article 21 of the Immigration Control and Refugee Recognition Act,
I hereby apply for extension of period of stay.

1 国 籍・地 域 Nationality/Region ______　　2 生年月日 Date of birth ______ 年 Year 月 Month 日 Day

3 氏 名 Name　Family name ______ Given name ______

4 性 別 Sex　男・女 Male/Female　　5 配偶者の有無 Marital status　有・無 Married / Single

6 職 業 Occupation ______　　7 本国における居住地 Home town/city ______

8 住居地 Address in Japan ______

9 電話番号 Telephone No. ______　　携帯電話番号 Cellular phone No. ______

10 旅券 Passport　(1)番 号 Number ______　(2)有効期限 Date of expiration ______ 年 Year 月 Month 日 Day

11 現に有する在留資格 Status of residence ______　在留期間 Period of stay ______
在留期間の満了日 Date of expiration ______ 年 Year 月 Month 日 Day

12 在留カード番号 Residence card number ______

13 希望する在留期間 Desired length of extension ______（審査の結果によって希望の期間とならない場合があります。）(It may not be as desired after examination.)

14 更新の理由 Reason for extension ______

15 犯罪を理由とする処分を受けたことの有無（日本国外におけるものを含む。） Criminal record (in Japan / overseas)
有（具体的内容 ______ ）・無
Yes (Detail: ______) / No

16 在日親族（父・母・配偶者・子・兄弟姉妹など）及び同居者
Family in Japan(Father, Mother, Spouse, Son, Daughter, Brother, Sister or others) or co-residents
有（「有」の場合は，以下の欄に在日親族及び同居者を記入してください。）・無
Yes (If yes, please fill in your family members in Japan and co-residents in the following columns) / No

続 柄 Relationship	氏 名 Name	生年月日 Date of birth	国 籍・地 域 Nationality/Region	同居の有無 Residing with applicant or not	勤務先名称・通学先名称 Place of employment/ school	在留カード番号 特別永住者証明書番号 Residence card number Special Permanent Resident Certificate number
				有・無 Yes / No		
				有・無 Yes / No		
				有・無 Yes / No		
				有・無 Yes / No		
				有・無 Yes / No		
				有・無 Yes / No		

※ 16については，記載欄が不足する場合は別紙に記入して添付すること。なお，「研修」，「技能実習」に係る申請の場合は記載不要です。
Regarding item 16, if there is not enough space in the given columns to write in all of your family in Japan, fill in and attach a separate sheet.
In addition, take note that you are not required to fill in item 16 for applications pertaining to "Trainee" or "Technical Intern Training".

（注）裏面参照の上，申請に必要な書類を作成して下さい。 Note : Please fill in forms required for application. (See notes on reverse side.)

国名を書いておけば間違いありません。

２　生年月日

生年月日は、必ず西暦を使ってください。昭和や平成は使いません。

例：１９８５年３月５日など

３　氏名

氏名は、基本的にパスポートどおりに記入します。

中国人や韓国人のような漢字の名前がある場合は、漢字とアルファベットを必ず併記するようにします。

アルファベットしかない名前の場合はアルファベットだけで構いません。

中国人の記載例：王　柳　Wang Liu

４　性別

どちらかの性別に丸をつけます。

５　配偶者の有無

「有」か「無」に丸をつけます。

６　職業

申請人の現在の職業を記載します。

例：会社員など

7　本国における居住地

外国人社員の母国の住所を記入します。

8　住居地

日本の住所を記入します。

9　電話番号と携帯電話番号

電話番号・携帯電話番号を記入します。固定電話番号がない場合は、携帯電話番号だけでかまいません。

10　旅券

旅券とは、パスポートのことです。外国人社員のパスポートを見ながら、⑴番号はパスポートのナンバーを書きます。⑵有効期限はパスポートの有効期限を書きます。有効期限は、数字で記入してください。

11　現に有する在留資格

現在持っている在留資格（ビザ）の種類を書きます。

例：技術・人文知識・国際業務

在留期間を書きます。

例：１年、３年など

在留期限の満了日は在留カードを見て書きます。

12　在留カード番号

現に持っている在留カードを見て在留カード番号を記入します。

13　希望する在留期間

希望する在留期間は、３年とか5年とか長めに書いておいたほうがよいです。1年と書けば1年になってしまいます。

14　更新の理由

在留期間を更新したい理由を書くわけですが、1行しかないため詳細を説明する必要がある場合は、「別紙のとおり」と書き、理由書でまとめることをおすすめします。

理由書では、更新後に行う職務内容に変更はなく、現に有する在留資格との間に齟齬がないという点や、引続き日本に在留することに相当の理由があるという点を中心にまとめます。期間の更新なのですから、就労ビザの種類が変わるわけではありません。したがって、理由書の中では、今の就労ビザに該当する活動を引続き行うという点を述べていきます。

また、その活動を引続き行うことに相当の理由があるという点も述べていきます。

専門知識や技術があり、また法令を遵守した生活をしているという点、安定した収入やきちんと納税しているという点、そして、会社にとって必要な人材であるといったことなどを中心に述べていきます。

15　犯罪を理由とする処分を受けたことの有無

犯罪で処分を受けたことがあるかということです。処分を受けたことなので、具体的な懲役や罰金などが該当します。わかりやすくいえば、自転車泥棒で捕まったことがあっても、罰金などの処分を受けてなければ「無」となります。

出入国在留管理局では、外国人の過去の在留状況をすべて把握しています。事実を隠して申請してもすぐにバレてしまいますし、そのようなことをすると、後々にまで影響してしまいますので、十分に注意してください。

16　在日親族（父・母・配偶者・子・兄弟姉妹など）及び同居者

外国人社員の親族が日本にいるかどうかを「有」か「無」に○をつけます。有の場合は、在留カード番号や勤務先の社名や通学先の学校名なども具体的に記入しなければなりません。

注意点は、同居者も記入するということです。シェアハウスで友人と同居しているような場合は、友人の名前などの個人情報も記入することになります。

2枚目　申請人等作成用（図表22参照）

17　勤務先

勤務先の名称、支店・事業所名、所在地、電話番号を記入します。

18　最終学歴

外国人社員の最終学歴にどれかをチェックし、⑴学校名と⑵卒業年月日を記入します。

【図表 22　在留期間更新許可申請書（２枚目）】

申請人等作成用 2　N（「高度専門職（1号イ・ロ）」・「高度専門職（2号）」（変更申請の場合のみ）・「研究」・「技術・人文知識・国際業務」・「介護」・「技能」・「特定活動（研究活動等），（本邦大学卒業者）」）
For applicant, part 2 N ("Highly Skilled Professional(i)(a/b)" / "Highly Skilled Professional(ii)" (only in cases of change of status) / "Researcher" / "Engineer / Specialist in Humanities / International Services" / "Nursing Care" / "Skilled Labor"/ "Designated Activities(Researcher or IT engineer of a designated organization), (Graduate from a university in Japan)")

在留期間更新・在留資格変更用
For extension or change of status

17 勤務先 Place of employment
※ (2)及び(3)については，主たる勤務場所の所在地及び電話番号を記載すること。
For sub-items (2) and (3), give the address and telephone number of your principal place of employment.
(1)名称 Name ______　支店・事業所名 Name of branch ______
(2)所在地 Address ______　(3)電話番号 Telephone No. ______

18 最終学歴（介護業務従事者の場合は本邦の介護福祉士養成施設について記入）
Education (if you engage in activities of nursing care or teaching nursing care, fill in details about the certified care worker training facility in Japan)
□ 大学院（博士） Doctor　□ 大学院（修士） Master　□ 大学 Bachelor　□ 短期大学 Junior college　□ 専門学校 College of technology
□ 高等学校 Senior high school　□ 中学校 Junior high school　□ その他（　　） Others
(1)学校名 Name of school ______　(2)卒業年月日 Date of graduation ______ 年 Year　月 Month　日 Day

19 専攻・専門分野 Major field of study
（18で大学院（博士）～短期大学の場合）(Check one of the followings when the answer to the question 18 is from doctor to junior college)
□ 法学 Law　□ 経済学 Economics　□ 政治学 Politics　□ 商学 Commercial science　□ 経営学 Business administration　□ 文学 Literature
□ 語学 Linguistics　□ 社会学 Sociology　□ 歴史学 History　□ 心理学 Psychology　□ 教育学 Education　□ 芸術学 Science of art
□ その他人文・社会科学（　　） Others(cultural / social science)　□ 理学 Science　□ 化学 Chemistry　□ 工学 Engineering
□ 農学 Agriculture　□ 水産学 Fisheries　□ 薬学 Pharmacy　□ 医学 Medicine　□ 歯学 Dentistry
□ その他自然科学（　　） Others(natural science)　□ 体育学 Sports science　□ 介護福祉 Nursing care and welfare　□ その他（　　） Others
（18で専門学校の場合）
□ 工業 Engineering　□ 農業 Agriculture　□ 医療・衛生 Medical services / Hygienics　□ 教育・社会福祉 Education / Social welfare　□ 法律 Law
□ 商業実務 Practical commercial business　□ 服飾・家政 Dress design / Home economics　□ 文化・教養 Culture / Education　□ 介護福祉 Nursing care and welfare　□ その他（　　） Others

20 情報処理技術者資格又は試験合格の有無（情報処理業務従事者のみ記入）　有・無
Does the applicant have any qualifications for information processing or has he / she passed the certifying examination? (when the applicant is engaged in information processing)　Yes / No
（資格名又は試験名）(Name of the qualification or certifying examination) ______

21 職 歴 Employment history

入社 Date of joining the company 年 Year	月 Month	退社 Date of leaving the company 年 Year	月 Month	勤務先名称 Place of employment	入社 Date of joining the company 年 Year	月 Month	退社 Date of leaving the company 年 Year	月 Month	勤務先名称 Place of employment

22 代理人（法定代理人による申請の場合に記入） Legal representative (in case of legal representative)
(1)氏 名 Name ______　(2)本人との関係 Relationship with the applicant ______
(3)住 所 Address ______
電話番号 Telephone No. ______　携帯電話番号 Cellular Phone No. ______

以上の記載内容は事実と相違ありません。 I hereby declare that the statement given above is true and correct.
申請人（法定代理人）の署名／申請書作成年月日 Signature of the applicant (representative) / Date of filling in this form
年 Year　月 Month　日 Day

注意 Attention
申請書作成後申請までに記載内容に変更が生じた場合，申請人（法定代理人）が変更箇所を訂正し，署名すること。
In cases where descriptions have changed after filling in this application form up until submission of this application, the applicant (representative) must correct the part concerned and sign their name.

※ 取次者 Agent or other authorized person
(1)氏 名 Name ______　(2)住 所 Address ______
(3)所属機関等（親族等については，本人との関係） Organization to which the agent belongs(in case of a relative, relationship with the applicant) ______　電話番号 Telephone No. ______

19　専攻・専門分野

外国人社員の卒業した大学等での専攻分野にチェックを入れます。

20　情報処理技術者資格又は試験合格の有無

情報処理業務従事者のみ資格の「有」、「無」のどちらかに○をつけます。この資格というのは、資格があれば学歴を問わないとされている資格のことをいいます。

21　職歴

外国人社員の職歴を記載します。職歴が多く書ききれない場合は、「別紙のとおり」と書き、職務経歴書を別途作成します。

22　代理人

法定代理人による申請の場合だけに記入するので、在留期間更新許可申請の場合は、ほとんどのケースで⑴、⑵、⑶は空欄になるはずです。最後に、申請人が署名と年月日を記入します。一番下の「※取次者」は、行政書士に依頼した場合に行政書士側で記入する署名欄になります。

3枚目　所属機関等作成用（図表23参照）

1　契約又は招へいしている外国人の氏名及び在留カード番号

今回契約しようとしているまたは契約している外国人の氏名と現在所持している在留カード番号を書きます。

【図表 23　在留期間更新許可申請書（3枚目）】

所属機関等作成用1　N（「高度専門職（1号イ・ロ）」・「高度専門職（2号）」（変更申請の場合のみ）・「研究」・「技術・人文知識・国際業務」・「介護」・「技能」・「特定活動（研究活動等），（本邦大学卒業者）」）
For organization, part 1 N ("Highly Skilled Professional(i)(a/b)" / "Highly Skilled Professional(ii)"(only in cases of change of status) / "Researcher" / "Engineer / Specialist in Humanities / International Services" / "Nursing Care" / "Skilled Labor"/ "Designated Activities(Researcher or IT engineer of a designated organization), (Graduate from a university in Japan)")
在留期間更新・在留資格変更用 For extension or change of status

1　契約又は招へいしている外国人の氏名及び在留カード番号
Name and residence card of foreign national being offered a contract or invitation
(1)氏 名 Name ______________　(2)在留カード番号 Residence card number ______________

2　契約の形態 Type of contract
□ 雇用 Employment　□ 委任 Entrustment　□ 請負 Service contract　□ その他（　　　　） Others

3　勤務先 Place of employment
※(5)，(8)及び(9)については，主たる勤務場所について記載すること。
For sub-items (5), (8) and (9) give the address and telephone number of employees of your principal place of employment.
※国・地方公共団体，独立行政法人，公益財団・社団法人その他非営利法人の場合は(6)及び(7)の記載は不要。
In cases of a national or local government, incorporated administrative agency, public interest incorporated association or foundation or some other nonprofit corporation, you are not required to fill in sub-items (6) and (7).

(1)名称 Name ______________　(2)法人番号（13桁） Corporation no. (combination of 13 numbers and letters) ______________

(2)支店・事業所名 Name of branch ______________

(4)事業内容 Type of business
○主たる事業内容を以下から選択して番号を記入（1つのみ）
Select the main business type from below and write the corresponding number (select only one) ______
○他に事業内容があれば以下から選択して番号を記入（複数選択可）
If there are other business types, select from below and write the corresponding number (multiple answers possible) ______

製造業 Manufacturing【①食料品 Food products　②繊維工業 Textile industry　③プラスチック製品 Plastic products　④金属製品 Metal products
⑤生産用機械器具 Industrial machinery and equipment　⑥電気機械器具 Electrical machinery and equipment　⑦輸送用機械器具 Transportationmachinery and equipment　⑧その他（　　） Others】

卸売業 Wholesale【⑨各種商品（総合商社等） Various products (general trading company, etc.)　⑩繊維・衣服等 Textile, clothing, etc.　⑪飲食料品 Food and beverages
⑫建築材料，鉱物・金属材料等 Building materials, mineral and metal materials etc.　⑬機械器具 Machinery and equipment　⑭その他（　　） Others】

小売業 Retail【⑮各種商品 Various products　⑯織物・衣服・身の回り品 Fabric, clothing, personal belongings
⑰飲食料品（コンビニエンスストア等） Food and beverages (convenience store, etc.)　⑱機械器具小売業 Machinery and equipment retailing　⑲その他（　　） Others】

学術研究，専門・技術サービス業 Academic research, specialized / technical services
【⑳学術・開発研究機関 Academic research, specialized / technical service industry　㉑専門サービス業（他に分類されないもの） Specialized service industry (not categorized elsewhere)
㉒広告業 Advertising industry　㉓技術サービス業（他に分類されないもの） Technical service industry (not categorized elsewhere)】

医療・福祉業 Medical / welfare services【㉔医療業 Medical industry　㉕保健衛生 Health and hygiene　㉖社会保険・社会福祉・介護事業 Social insurance / social welfare / nursing care】

㉗農林業 Agriculture　㉘漁業 Fishery　㉙鉱業，採石業，砂利採取業 Mining, quarrying, gravel extraction　㉚建設業 Construction　㉛電気・ガス・熱供給・水道業 Electricity, gas, heat supply, water supply
㉜情報通信業 Information and communication industry　㉝運輸・信書便事業 Transportation and correspondence　㉞金融・保険業 Finance / insurance　㉟不動産・物品賃貸業 Real estate / rental goods
㊱宿泊業 Accommodation　㊲飲食サービス業 Food and beverage service industry　㊳生活関連サービス（理容・美容等）・娯楽業 Lifestyle-related services (barber / beauty, etc.) / entertainment industry
㊴学校教育 School education　㊵その他の教育，学習支援業 Other education, learning support industry　㊶職業紹介・労働者派遣業 Employment placement / worker dispatch industry
㊷複合サービス事業（郵便局，農林水産業協同組合，事業協同組合（他に分類されないもの）） Combined services (post office, agriculture, forestry and fisheries cooperative association, business cooperative (not categorized elsewhere))
㊸その他の事業サービス業（速記・ワープロ入力・複写業，建物サービス業，警備業等） Other business services (shorthand / word processing / copying, building services, security business, etc.)
㊹その他のサービス業（　　　） Other service industries　㊺宗教 Religion　㊻公務（他に分類されないもの） Public service (not categorized elsewhere)
㊼分類不能の産業（　　　） Unclassifiable industry

(5)所在地 Address ______________　電話番号 Telephone No. ______________
(6)資本金 Capital ______________ 円 Yen　(7)年間売上高（直近年度） Annual sales (latest year) ______________ 円 Yen

2　契約の形態

該当する契約形態の□にチェックをつけます。

3　勤務先

(1)名称には、法人の場合は社名を書きます。個人事業主の場合は屋号を書きます。

(2)法人番号には、会社の法人番号を記入します。法人番号は、国税庁の法人番号公表サイトにて調べることができます。個人事業主は、なしと記載します。

(3)支店・事業所名があれば書きます。

(4)事業内容では、会社のメインの事業内容を1つだけ選び、他に事業内容がある場合は該当するものを選びます。

(5)所在地には実際に勤務する住所を書きます。支店で働く場合は支店の住所です。必ずしも本社所在地の住所を書くわけではありません。

(6)資本金の額を書きます。

(7)年間売上高（直近年度）には、決算報告書を見ながら直近年度の売上を書きます。

4枚目、所属機関等作成用（図表24参照）

(8)従業員数には総従業員数（非常勤を含む）を書きます。

(9)外国人職員数には外国人従業員数（非常勤）のみを書きます。

【図表 24　在留期間更新許可申請書（４枚目）】

所属機関等作成用 2　N（「高度専門職（1号イ・ロ）」・「高度専門職（2号）」（変更申請の場合のみ）・「研究」・「技術・人文知識・国際業務」・「介護」・「技能」・「特定活動（研究活動等），（本邦大学卒業者）」）
For organization, part 2 N("Highly Skilled Professional(i)(a/b)" / "Highly Skilled Professional(ii)" (only in cases of change of status) / "Researcher" / "Engineer / Specialist in Humanities / International Services" / "Nursing Care" / "Skilled Labor"/ "Designated Activities(Researcher or IT engineer of a designated organization), (Graduate from a university in Japan)")
在留期間更新・在留資格変更用
For extension or change of status

(8)従業員数 Number of employees ______ 名　(9)外国人職員数 Number of foreign employees ______ 名

4 就労予定期間 Period of work ______

5 給与・報酬（税引き前の支払額） Salary/Reward (amount of payment before taxes) ______ 円 Yen（ □ 年額 Annual □ 月額 Monthly ）

6 実務経験年数 Business experience ______ 年　7 職務上の地位（役職名） Position(Title) □ あり（　　　） Yes □ なし No

8 職務内容 Type of work
○主たる職務内容を以下から選択して番号を記入（1つのみ）
Select the main type of work from below, and fill in the number (select only one)
○「技術・人文知識・国際業務」「高度専門職」又は「特定活動」での在留を希望する場合で，他に職務内容があれば以下から選択して番号を記入（複数選択可）______
If the applicant wishes to reside in Japan with the status of residence of "Engineer / Specialist in Humanities / International Services", "Highly Skilled Professional" or "Designated Activities", and will also engage in other types of work, select from below and write the corresponding number (multiple answers possible)

(1)「研究」での在留を希望する場合
Fill in this section if the applicant wishes to reside in Japan with the status of residence of "Researcher"
①調査研究 Research

(2)「技術・人文知識・国際業務」での在留を希望する場合
Fill in this section if the applicant wishes to reside in Japan with the status of residence of "Engineer / Specialist in Humanities / International Services"
技術開発 Technology development【②農林水産分野 Agriculture, forestry, and fisheries field　③食品分野 Food products field　④機械器具分野 Machinery and equipment field　⑤その他製造分野（　　　） Other manufacturing field】
生産管理 Production management【⑥食品分野 Food products field　⑦機械器具分野 Machinery and equipment field　⑧その他製造分野（　　　） Other manufacturing field】
⑨管理業務（経営者を除く） Management work (excluding executives)　⑩調査研究 Research　⑪情報処理・通信技術 Information processing, communications technology　⑫CADオペレーション CAD operation
⑬翻訳・通訳 Translation / Interpretation　⑭海外取引業務 Overseas trading business　⑮コピーライティング Copywriting　⑯報道 Journalism　⑰編集 Editing
⑱デザイン Design　⑲企画事務（マーケティング，リサーチ） Planning administration work (marketing, research)　⑳企画事務（広報・宣伝） Planning administration work (public relations, advertising)
㉑法人営業 Corporate sales　㉒金融・保険 Finance / insurance　㉓建築・土木・測量技術 Architecture, civil engineering, surveying techniques
㉔教育（教育機関以外） Education(other than educational institutions)　㉕法律関係業務 Legal business　㉖会計事務 Accounting business　㉗その他（　　　） Others

(3)「技能」での在留を希望する場合
Fill in this section if the applicant wishes to reside in Japan with the status of residence of "Skilled Labor"
㉘調理 Cooking　㉙外国特有の建築技術 Foreign country-specific construction technology　㉚外国特有の製品製造 Foreign country-specific product manufacturing
㉛宝石・貴金属・毛皮加工 Jewels, precious metal, fur processing　㉜動物の調教 Animal training　㉝石油・地熱等掘削調査 Drilling survey for oil, geothermal energy, etc.
㉞パイロット Pilot　㉟スポーツ指導 Sports instruction　㊱ソムリエ Sommelier

(4)「介護」での在留を希望する場合
Fill in this section if the applicant wishes to reside in Japan with the status of residence of "Nursing care"
㊲介護福祉士 Certified care worker

(5)「高度専門職」での在留を希望する場合は，上記(1)から(4)のいずれかを主たる職務内容として選択した上で，当該活動と併せて当該活動と関連する事業を自ら経営する活動を行う場合のみ以下を選択
If the applicant wishes to reside in Japan with the status of residence of "Intra-company transferee", "Journalist" or "Highly Skilled Professional", select from (1) to (4) above as the main occupation,and only select from below if the applicant will, together with these activities, be engaging in other activities to personally operate a business related to such activities.
㊳経営（高度専門職） Executive(Highly Skilled Professional)

(6)「特定活動」（特定研究等活動（告示36号）及び特定情報処理活動（告示37号））での在留を希望する場合
Fill in this section if the applicant wishes to reside in Japan with the status of residence of "Designated Activities" (Designated Academic Research Activities (Public Notice No. 36) or Designated Information Processing Activities (Public Notice No. 37)).
㊴情報処理・通信技術者 Information processing, communications technician　㊵研究 Research　㊶研究の指導 Research guidance　㊷教育（大学等） Education(university,etc.)

(7)「特定活動」（本邦大学卒業者）での在留を希望する場合
Fill in this section if the applicant wishes to reside in Japan with the status of residence of "Designated Activities"(Graduated from a univirsity)
※(2)の「技術・人文知識・国際業務」の中からも選択可能
※Selectable from abovementioned (2) "Engineer / Specialist in Humanities / International Services"
㊸接客（販売店） Service(stores)　㊹接客（飲食店） Service(restaurants)　㊺接客（その他（　　　）） Service(others)　㊻製品製造 Product manufacturing　㊼その他（　　　） Others

4　就労予定期間

雇用契約書等の労働条件が記載してある書面の契約期間を記入します。

5　給与・報酬（税引き前の支払額）

年額か月額かにチェックを入れ、金額を記入します。

6　実務経験年数

実務経験年数があれば年数を記入します。ない場合は0年と書きます。アルバイトの実務経験は含めません。

7　職務上の地位（役職名）

役職がある場合は、あり□にチェックをつけて役職名（部長等）を記載します。ない場合は、なし□にチェックをつけます。

8　職務内容

メインとなる職務内容を1つだけ選び、他に職務内容がある場合は該当するものを選びます。

5枚目、所属機関等作成用（図表25参照）

9　派遣先等（人材派遣の場合又は勤務地が3と異なる場合に記入）

派遣社員や在籍型出向等で、所属機関と勤務する会社が違う場合に記入していきます。

(1)名称には、法人の場合は社名を書きます。個人事業主の場合は屋号を書きます。

【図表 25　在留期間更新許可申請書（５枚目）】

所属機関等作成用 3　N（「高度専門職（1号イ・ロ）」・「高度専門職（2号）」（変更申請の場合のみ）・「研究」・「技術・人文知識・国際業務」「介護」・「技能」・「特定活動（研究活動等），（本邦大学卒業者）」）
For organization, part 3 N ("Highly Skilled Professional(i)(a/b)" / "Highly Skilled Professional(ii)" (only in cases of change of status) / "Researcher" / "Engineer / Specialist in Humanities / International Services" / "Nursing Care" / "Skilled Labor"/ "Designated Activities(Researcher or IT engineer of a designated organization), (Graduate from a university in Japan)")
在留期間更新・在留資格変更用 For extension or change of status

9 派遣先等（人材派遣の場合又は勤務地が3と異なる場合に記入）
Dispatch site (Fill in the following if your answer to question 3-(4) is "Dispatch of personnel" or if the place of employment differs from that given in 3)

(1)名称 Name ＿＿＿＿＿＿
(2)法人番号（13桁） Corporation no. (combination of 13 numbers and letters) ＿＿＿＿＿＿

(3)支店・事業所名 Name of branch ＿＿＿＿＿＿

(4)事業内容 Type of business
○主たる事業内容を以下から選択して番号を記入（1つのみ）
Select the main business type from below and write the corresponding number (select only one)
○他に事業内容があれば以下から選択して番号を記入（複数選択可）
If there are other business types, select from below and write the corresponding number (multiple answers possible) ＿＿＿＿＿＿

製造業 Manufacturing【 ①食料品 Food products　②繊維工業 Textile industry　③プラスチック製品 Plastic products　④金属製品 Metal products
⑤生産用機械器具 Industrial machinery and equipment　⑥電気機械器具 Electrical machinery and equipment　⑦輸送用機械器具 Transportationmachinery and equipment　⑧その他（　　　） Others 】

卸売業 Wholesale【 ⑨各種商品（総合商社等） Various products (general trading company, etc.)　⑩繊維・衣服等 Textile, clothing, etc.　⑪飲食料品 Food and beverages
⑫建築材料，鉱物・金属材料等 Building materials, mineral and metal materials etc.　⑬機械器具 Machinery and equipment　⑭その他（　　　） Others 】

小売業 Retail【 ⑮各種商品 Various products　⑯織物・衣服・身の回り品 Fabric, clothing, personal belongings
⑰飲食料品（コンビニエンスストア等） Food and beverages (convenience store, etc.)　⑱機械器具小売業 Machinery and equipment retailing　⑲その他（　　　） Others 】

学術研究，専門・技術サービス業 Academic research, specialized / technical services
【 ⑳学術・開発研究機関 Academic research, specialized / technical service industry　㉑専門サービス業（他に分類されないもの） Specialized service industry (not categorized elsewhere)
㉒広告業 Advertising industry　㉓技術サービス業（他に分類されないもの） Technical service industry (not categorized elsewhere) 】

医療・福祉業 Medical / welfare services【 ㉔医療業 Medical industry　㉕保健衛生 Health and hygiene　㉖社会保険・社会福祉・介護事業 Social insurance / social welfare / nursing care 】

㉗農林業 Agriculture　㉘漁業 Fishery　㉙鉱業，採石業，砂利採取業 Mining, quarrying, gravel extraction　㉚建設業 Construction　㉛電気・ガス・熱供給・水道業 Electricity, gas, heat supply, water supply
㉜情報通信業 Information and communication industry　㉝運輸・信書便事業 Transportation and correspondence　㉞金融・保険業 Finance / insurance　㉟不動産・物品賃貸業 Real estate / rental goods
㊱宿泊業 Accommodation　㊲飲食サービス業 Food and beverage service industry　㊳生活関連サービス（理容・美容等）・娯楽業 Lifestyle-related services (barber / beauty, etc.) / entertainment industry
㊴学校教育 School education　㊵その他の教育，学習支援業 Other education, learning support industry　㊶職業紹介・労働者派遣業 Employment placement / worker dispatch industry
㊷複合サービス事業（郵便局，農林水産業協同組合，事業協同組合（他に分類されないもの））
Combined services (post office, agriculture, forestry and fisheries cooperative association, business cooperative (not categorized elsewhere))
㊸その他の事業サービス業（速記・ワープロ入力・複写業，建物サービス業，警備業等）
Other business services (shorthand / word processing / copying, building services, security business, etc.)
㊹その他のサービス業（　　　） Other service industries　㊺宗教 Religion　㊻公務（他に分類されないもの） Public service (not categorized elsewhere)
㊼分類不能の産業（　　　） Unclassifiable industry

(5)所在地 Address ＿＿＿＿＿＿
電話番号 Telephone No. ＿＿＿＿＿＿

【図表 26　在留期間更新許可申請書（６枚目)】

所属機関等作成用４　N（「高度専門職（1号イ・ロ）」・「高度専門職（2号）」（変更申請の場合のみ）・「研究」・「技術・人文知識・国際業務」「介護」・「技能」・「特定活動（研究活動等），(本邦大学卒業者）」）
For organization, part 4 N ("Highly Skilled Professional(i)(a/b)" / "Highly Skilled Professional(ii)" (only in cases of change of status) / "Researcher" / "Engineer / Specialist in Humanities / International Services" / "Nursing Care" / "Skilled Labor"/ "Designated Activities(Researcher or IT engineer of a designated organization), (Graduate from a university in Japan)")
在留期間更新・在留資格変更用
For extension or change of status

(6)資本金
Capital ＿＿＿＿＿＿ 円 Yen

(7)年間売上高（直近年度）
Annual sales (latest year) ＿＿＿＿＿＿ 円 Yen

(8)派遣予定期間
Period of dispatch ＿＿＿＿＿＿

以上の記載内容は事実と相違ありません。 I hereby declare that the statement given above is true and correct.
勤務先又は所属機関等契約先の名称，代表者氏名の記名及び押印／申請書作成年月日
Name of the workplace or contracting organization and its representative, and official seal of the organization ／ Date of filling in this

印 Seal　年 Year　月 Month　日 Day

注意　Attention
申請書作成後申請までに記載内容に変更が生じた場合，所属機関等が変更箇所を訂正し，押印すること。
In cases where descriptions have changed after filling in this application form up until submission of this application, the organization must correct the part concerned and press its seal on the correction.

⑵法人番号には、会社の法人番号を記入します。法人番号は、国税庁の法人番号公表サイトにて調べることができます。個人事業主は、なしと記載します。

⑶支店・事業所名があれば書きます。

⑷事業内容では、会社のメインの事業内容を1つだけ選び、他に事業内容がある場合は該当するものを選びます。

⑸所在地、電話番号を書きます。


6枚目、所属機関等作成用（図表26参照）

⑹資本金の額を書きます。

⑺年間売上高（直近年度）には、決算報告書を見ながら直近年度の売上を書きます。

⑻派遣予定期間を書きます。

最後は会社名と代表者氏名、会社印、日付を記入します。

例：○○○株式会社　代表取締役○○○　会社印　○○○年○月○日となります。

5　就労資格証明書交付申請書の書き方（転職）

就労資格証明書は、外国人が転職をした場合に取得しておくべきものです。例えば、「技術・人文知識・国際業務」の就労ビザを持っている外国人が、A社からB社に転職する場合を考えてみます。

この外国人は、A社で翻訳・通訳の業務に就いており、転職先のB社でも同じ通訳・翻訳業務の仕事をするとします。

「技術・人文知識・国際業務」の就労ビザをすでに持っており、しかも同じ通訳・翻訳業務をしようというのですから、在留期限が来たときは更新の申請をすればすんなり認められるようにも思えます。しかし、必ずしもそういうわけにはいかない場合もありますので、十分にご注意ください。

この外国人が持っている「技術・人文知識・国際業務」の就労ビザは、あくまでもA社で働くことを前提としたものなのです。同じ通訳・翻訳業務をするとしても、会社の経営状況は、個々で全く異なります。経営状況がよく安定性もあるA社と、経営状況があまりよくなく、会社規模も小さいB社では、出入国在留管理局での審査基準が異なります。

したがって、この点を勘違いして、単純にビザ更新の申請をすると、出入国在留管理局から追加で書類提出を求められたり、最悪の場合は不許可になってしまう場合さえあります。

では、どうすればよいのでしょうか。こうした事態を防ぐために非常に有効なツールとなるのが、この「就労資格証明書」なのです。

転職した際に、就労資格証明書交付申請書（図表27参照）を提出しておくと、出入国在留管理局側で、転職先での新たな業務や会社の安定性などが入管法上問題のないものであるのかを審査してくれます。それが認められれば出入国在留管理局からのいわば「お墨つき」をもらったことになりますので、安

【図表 27　就業資格証明交付申請書】

別記第二十九号の五様式（第十九条の四関係）　　日本国政府法務省 Ministry of Justice, Government of Japan

就　労　資　格　証　明　書　交　付　申　請　書
APPLICATION FOR CERTIFICATE OF AUTHORIZED EMPLOYMENT

出入国在留管理局長　殿
To the Director General of the Regional Immigration Services Bureau

出入国管理及び難民認定法第19条の2第1項の規定に基づき，次のとおり就労資格証明書の交付を申請します。
Pursuant to the provisions of Paragraph 1 of Article 19-2 of the Immigration Control and Refugee Recognition Act, I hereby apply for a certificate of authorized employment.

1 国 籍・地 域 Nationality / Region ____　2 生年月日 Date of birth ____ 年 Year ____ 月 Month ____ 日 Day

3 氏 名 Name ____

4 性 別 Sex 男・女 Male/Female　5 住居地 Address in Japan ____

電話番号 Telephone No. ____　携帯電話番号 Cellular Phone No. ____

6 旅券 Passport (1)番 号 Number ____　(2)有効期限 Date of expiration ____ 年 Year ____ 月 Month ____ 日 Day

7 在留の資格 Status of residence ____　在留期間 Period of stay ____

在留期間の満了日 Date of expiration ____ 年 Year ____ 月 Month ____ 日 Day

8 在留カード番号 / 特別永住者証明書番号 Residence card number / Special Permanent Resident Certificate number ____

9 証明を希望する活動の内容 Desired activity to be certified

____

____

10 就労する期間 Period of work from ____ 年 Year ____ 月 Month ____ 日 Day から to ____ 年 Year ____ 月 Month ____ 日まで Day

11 使用目的 Purpose of use ____

12 法定代理人（法定代理人による申請の場合に記入） Legal representative (in case of legal representative)

(1)氏 名 Name ____　(2)本人との関係 Relationship with the applicant ____

(3)住 所 Address ____

電話番号 Telephone No. ____　携帯電話番号 Cellular phone No. ____

以上の記載内容は事実と相違ありません。 I hereby declare that the statement given above is true and correct.
申請人（法定代理人）の署名／申請書作成年月日 Signature of the applicant (legal representative) / Date of filling in this form

____ 年 Year ____ 月 Month ____ 日 Day

注 意 申請書作成後申請までに記載内容に変更が生じた場合，申請人（法定代理人）が変更箇所を訂正し，署名すること。
Attention In cases where descriptions have changed after filling in this application form up until submission of this application, the applicant (legal representative) must correct the part concerned and sign their name.

※ 取次者 Agent or other authorized person

(1)氏 名 Name ____　(2)住 所 Address ____

(3)所属機関等 Organization to which the agent belongs ____　電話番号 Telephone No. ____

心して転職できるというわけです。

ただし、すでに在留期間の満了日が近づいてしまっているときは、就労資格証明書の申請をする時間的余裕ありません。その場合は、いきなり更新の手続をすることになりますが、前に述べたように会社が異なるということは出入国在留管理局の審査基準も変わるということですから、転職先の業務や会社の安定性などについて、しっかりとした立証をしていくことが必要になります。

1　国籍・地域

この欄には、申請人の国籍を記入します。例：中国、韓国、ベトナムなど

地域とあるのは、日本の立場から国とされていない台湾や香港などが該当します。基本的には、国名を書いておけば間違いありません。

2　生年月日

生年月日は、必ず西暦を使ってください。昭和や平成は使いません。

例：1985年3月5日など

3　氏名

氏名は、基本的にパスポートどおりに記入します。

中国人や韓国人のような漢字の名前がある場合は、漢字とアルファベットを必ず併記するようにします。アルファベットしかない名前の場合は、アルファベットだけで構いません。

中国人の記載例：王　柳　Wang Liu

4　性別

どちらかの性別に丸をつけます。

5　住居地

日本の住所と電話番号、携帯電話番号を記入します。固定電話がない場合は「なし」と書きます。

6　旅券

旅券とは、パスポートのことです。外国人社員のパスポートを見ながら、⑴番号はパスポートのナンバーを書きます。⑵有効期限はパスポートの有効期限を書きます。有効期限は、数字で記入してください。

7　在留の資格

現在持っている在留資格（ビザ）の種類を書きます。

例：技術・人文知識・国際業務

在留期間を書きます。

例：１年、３年など

8　在留カード番号

在留期限の満了日は、在留カードを見て書きます。

現に持っている在留カードを見て在留カード番号を記入します。

9　証明を希望する活動の内容

2行しかありませんので、「別紙のとおり」として、A4の紙に内容を詳しく説明することをおすすめします。

10　就労する期間

いつからいつまで働く予定なのかを記入します。

11　使用目的

記載例：就職先に提出する、などと記入します。

12　法定代理人

法定代理人による申請の場合だけに記入するので、就労資格証明書交付申請の場合は、ほとんどのケースで⑴、⑵、⑶は空欄になるはずです。

最後に申請人が署名と年月日を記入します。

一番下の「※取次者」とは、行政書士に依頼した場合に行政書士側で記入する署名欄になります。

■問合せ先

申請書類を作成する上で不明な点がある場合、管轄の出入国在留管理局および出張所や外国人在留総合インフォメーションセンターに問い合わせることができます。

なお、詳しくは、出入国在留管理庁のホームページ（http://www.immi-moj.go.jp/index.html）で確認できます。

第6章　業種別の採用理由書の実例サンプル

【図表 28　ＩＴ会社での理由書実例 -1】

日付：平成〇〇年〇月〇日

〇〇出入国在留管理局長　殿

〇〇産業株式会社
代表取締役　〇〇〇〇　㊞

雇用理由書

私は、申請人「〇〇〇〇〇」の雇用主である〇〇産業株式会社の代表取締役をしております〇〇〇〇と申します。今回申請人と雇用契約を締結いたしまして、申請人の技術・人文知識・国際業務の在留資格認定証明書交付の許可を賜りたく弊社の採用するに至った経緯やその理由を説明させていただきます。

■当社の事業内容

弊社は、定款に記載があるとおり自動車部品の生産工場として〇〇〇と〇〇〇〇加工の技術向上に努め、数々の特許を取得し、最先端の技術と共に歩んで参りました。

資本金は〇〇〇〇万円で、直近年度の売上は約〇〇億〇〇〇〇万円（平成〇〇年〇月期決算参照）を計上しており、社員は〇〇〇人おります。また技能実習生の受け入れもしており、現在受け入れている技能実習生は〇人おります。

HP アドレス：http://www.〇〇〇〇〇〇〇〇.com

■申請人を採用した経緯

弊社は、昭和〇〇年〇月〇日に会社を設立いたしました。専門知識を駆使して弊社の生産ラインや人員を総合的に管理・監督できる人を求めていたおり、申請人であります〇〇〇〇さんが応募してくださいました。最終学歴は、〇〇〇〇国の〇〇〇〇大学で機械工学の学士の学位を取得された非常に優秀な方です。また、弊社で技能実習生として受け入れた経験もあることから、弊社の生産ラインや工程を知っており、さらに日本語も話すことができますので、この度採用することに致しました。

■申請人の経歴について

詳細については履歴書を添付いたしますが、概要は以下になります。
申請人は、〇〇〇〇国の〇〇〇〇大学を卒業済みであり、機械工学の学士の学位を取得致しました。また〇〇〇〇年から〇〇〇〇年まで弊社で技能実習生として受け入れた経験もございます。

【図表 28　ＩＴ会社での理由書実例 -2】

■申請人の経歴について

詳細については履歴書を添付いたしますが、概要は以下になります。
申請人は、○○○○大学を今年（○○○○年○月）卒業予定でありますが、○○国の国家資格であります情報処理技師試験に合格しております。卒業予定は○月ですが、授業自体は○月○○日で終了いたしますので、日本で勤務しておりましても卒業自体には影響がございませんのと、情報処理技師試験に合格をしておりますので、学歴要件自体は満たしているものと思慮いたします。

■申請人の職務内容

・ＳＥ業務等

申請人の業務は自社で独自に開発したシステムの保守、点検およびＣＳ（顧客満足）を調査・分析するためのシステム開発等のＳＥ業務を行ってもらう予定です。○○国の大学での専攻はコンピューター理工学部でして、システム構築やプログラミング等ＩＴ分野の基礎から応用まで幅広く学んでおり、さらに情報処理技師試験にも合格しております。

■申請人の給与について

申請人の給与は採用決定通知書に記載のとおり、年額○○○万円です。業務に必要な経費等は別途支給します。

当会社では、申請人をぜひ雇用したいと考えております。今般の技術・人文知識・国際業務の在留資格認定交付申請を許可いただきますようお願い申し上げます。

【図表 29　ホテル業での理由書実例 -1】

日付：平成○○年○月○日

東京出入国在留管理局長　殿

株式会社○○○○ホテル
代表取締役　○○○○

申請理由書

申請人の氏名：○○○○

私は、申請人「○○○」の雇用会社であります株式会社○○○○ホテルで代表取締役をしております○○○○と申します。今回申請人と雇用契約を締結し弊社に入社いたしました○○人であります○○○の技術・人文知識・国際業務の在留資格認定証明書交付の許可を賜りたく弊社の採用するに至った経緯やその理由を説明させていただきます。

■当社の事業内容

弊社は、謄本(履歴事項全部証明書)の目的に記載があるとおり日本全国でホテルの経営（全国○○ヶ所）の経営をさせていただいております。

資本金は○○○○万円で、直近年度の売上は約○○億○○○○万円を計上し、東京○○区に本社を構えて、日本全国で経営をしております。弊社のＨＰ内容をプリントアウトしたものを添付いたしましたのでご参照ください。

また http://www.○○○○○.co.jp/でより詳細をご覧いただけます

■申請人を採用した経緯

弊社は、平成○○年○月○○日に会社を設立いたしました。お客様一人ひとりが心から喜んでいただけるサービスを提供することを理念としており、弊社の理念に共感して、主体性とおもてなしの心を楽しみながら学んでいける人を求めていた折、申請人であります○○○が応募してくださいました。最終学歴は○○国の○○○大学で、日本語専攻と国際経営学を副専攻として学び、文学士と経営管理学学士を取得された非常に優秀な方です。日本語も話すことができ、さらに経営に関する知識を持ちあわせておりますので、この度弊社で採用することにいたしました。

■申請人の経歴について

詳細については履歴書を添付いたしますが、概要は以下になります。
申請人は、○○○大学を卒業済みであり、○○学士と○○○学士の学位を取得致しております。

【図表 29　ホテル業での理由書実例 -2】

■申請人の職務内容

申請人の職務内容は下記になります。申請人には弊社ホテルの運営や管理業務として営業やマーケティングおよび人事管理等をしてもらう予定です。○○国の大学での専攻は日本語であり、副専攻では経営管理学あるので、言葉の使い方から経営マーケティングまで幅広く学んでおります。

・営業に関する業務

弊社ホテルの運営業務として、新しい宿泊プランやツアー等を企画立案してもらいます。また、問い合わせには日本語での対応はもちろん、○○語でも対応していただき、○○語圏の新規顧客獲得の重要なツールとしても力を発揮してもらいたいと考えています。

・マーケティングおよび人事管理に関する業務

外国人宿泊客を増やすための調査、企画の立案、○○語 WEB サイト構築のための翻訳業務等を予定しております。その他売上向上、経費削減、業務効率化案などを、大学で学んだ知識等から、積極的に企画・提案をしてもらいたいと考えています。

■申請人の給与について

申請人の給与は採用決定通知書に記載のとおり、月○○万円です。業務に必要な経費等は別途支給します。

弊社では、申請人をぜひ雇用したいと考えております。今般の技術・人文知識・国際業務の在留資格認定交付申請をご許可いただきますようお願い申し上げます。

【図表 30　飲食業での理由書実例（事務スタッフ）-1】

日付：平成〇〇年〇月〇日

〇〇出入国在留管理局長　殿

株式会社〇〇〇フード
代表取締役　〇〇〇　㊞

雇用理由書

私は、申請人「〇〇〇」の雇用主である株式会社〇〇〇フードの代表取締役をしております〇〇〇と申します。今回申請人と雇用契約を締結いたしまして、申請人の技術・人文知識・国際業務の在留資格認定証明書交付の許可を賜りたく弊社の採用するに至った経緯やその理由を説明させていただきます。

■当社の事業内容

弊社は、定款に記載があるとおり飲食店である〇〇〇の経営およびフランチャイズ事業を行っております。店舗数は日本全国で〇〇〇店舗（平成〇〇年〇月）を超え、〇〇〇〇年以降は海外進出も視野に入れております。

資本金は〇億〇万円で、直近年度の売上は〇〇〇億〇〇〇万円（平成〇〇年〇月期決算）を計上しており、平成〇〇年〇月〇日、〇〇〇〇〇に上場をさせていただきました。

HP アドレス：http://www.〇〇〇〇〇.co.jp/

■申請人を採用した経緯

弊社は、昭和〇〇年〇月〇日に会社を設立いたしました。事業の進化・拡大ひいては海外の進出を見据え、弊社の企業理念に深く共感していただける人を求めていたおり、申請人であります〇〇さんが応募してくださいました。最終学歴は、中国の〇〇大学で文学士の学位を取得された非常に優秀な方です。さらに日本語能力試験のN1級を合格しておりますので、日本語が非常に堪能であります。また、弊社でのアルバイトの経験もあることから、弊社の企業理念への理解および海外（中国）進出を具現化していくために、最も相応しいと考え、人事部にて採用することに至りました。

■申請人の経歴について

詳細については履歴書を添付いたしますが、概要は以下になります。
申請人は、中国の〇〇大学を卒業済みであり、文学士の学位を取得致しました。また、日本語能力試験のN1級に合格しております。

【図表 30　飲食業での理由書実例（事務スタッフ）-2】

■申請人の職務内容

申請人の仕事内容は下記になります。申請人の◯◯大学での専攻は英語文学であり、さらに日本語能力試験のN1級にも合格しておりますので、３ヶ国語を操ることが可能です。また、弊社でのアルバイト実務経験もあります。勤務態度は非常に優秀で、中国語での指導能力に優れ、常に向上心を持って仕事に取り組んでおりました。弊社では、申請人の能力や人柄を高く評価しております。

・指導、監督、研修

弊社では、各店舗に多数の外国人スタッフが在籍しております。その中での多くを占めるのが中国人になります。現在では日本人店長が日本語で業務を指導、監督しておりますが、なかなか伝えたいことが伝わらないことが多く、なかでも働く姿勢や理念といった内面の部分を教えることがとても難しいのが現状です。申請人である◯◯さんには、外国人スタッフに対する指導、監督および日本人店長に対しての語学の研修や、文化や背景を理解した上での指導方法を立案し、日本人店長でも指導できる環境作りに取り組んでもらい、多店舗を総合的に管理するスーパーバイザーとしての業務をおこなってもらいます。

・中国語マニュアルの作成

日本語での業務マニュアルを、中国語に直すだけではなく、より理解しやすくしてもらいます。また、弊社の一大プロジェクトとして中国進出を計画しております。基本的なコンセプトは海外の店舗でも統一されたものになりますが、ブランドの信頼を得、他店との差別化を図るためにも現地従業員に自社ブランドについて総合的に理解させ、そのこだわりや歴史をお客様に説明できるよう指導することが求められます。そのための中国語マニュアル、ひいては教育システムの構築といった業務もおこなってもらいます。

・通訳、翻訳

日本人店長と外国人スタッフの架け橋的な役割をしてもらいます。また、中国進出事業計画での現地調査や市場調査、さらに交渉の際の通訳として、力を発揮してもらいたいと考えています。

■申請人の給与について

申請人の給与は雇用契約書に記載のとおり、月額◯◯万円です。業務に必要な経費等は別途支給します。

当会社では、申請人をぜひ雇用したいと考えております。今般の技術・人文知識・国際業務の在留資格認定交付申請を許可いただきますようお願い申し上げます。

【図表31　飲食業での理由書実例（中華料理人）-1】

○○出入国在留管理局長　殿　　　　日付：○○○○年○月○日

雇用理由書

申請人の氏名：○○○

私は、申請人「○○○」の雇用主である株式会社○○○○で代表取締役をしております○○○○と申します。今回申請人と雇用契約を締結し、○○○○年○月○日に入社することに決まりました。申請人の在留資格認定証明書交付申請を許可賜りたく、当社の事業内容や申請人を採用に至った経緯、採用理由などについて説明させていただきます。

■当社の事業内容
中華料理店『○○○』の運営(別紙『事業計画書』参照)。

■申請人を採用した経緯
当社は○○○○年○○月○○日に設立し、現在は中華料理店『○○○』を運営しております。開業のため調理スタッフを探していましたところ、知り合いのつてで申請人である○○○を紹介していただきました。

申請人は履歴書に記載のとおり中国の○○○調理師麺点学校で１年間学んだ後、約６年間○○○○大酒店に勤務し、その後約５年間○○○○家小厨に勤務しておりました。

約１１年の調理師としての経験を是非弊社で活かしていただければ、安くて本格的な中華料理をお客様に提供できると思い採用致しました。

また、申請人は中国での職業資格として○級の中式料理調理者を取得しており(『職業資格証書の公証書』参照)、中華料理人としての腕前も確かであります。

■申請人の職務内容
申請人には弊社の運営する○○○において調理師として勤務してもらいます。

【図表 31　飲食業での理由書実例（中華料理人）-2】

■申請人の給与について
申請人の給与は雇用契約書に記載のとおり、月額２０万円です。交通費など通勤や業務に必要な経費は別途支給します。

■申請人の資格該当性
申請人は調理師として１０年以上の実務経験を有しております(添付してあります『在職証明の公証書』参照)

当社では申請人を是非勤務させたいと考えております。今般の技能の在留資格認定証明書交付申請を許可いただきますようお願い申し上げます。

〇〇〇〇年〇月〇日
株式会社〇〇〇〇
代表取締役　〇〇〇〇　㊞

【図表32　貿易業での理由書実例 -1】

日付：平成○○年○月○日

○○出入国在留管理局長　殿

株式会社○○○○
代表取締役　○○○○　㊞

雇用理由書

申請人の氏名：○○○○

私は、申請人「○○○○」の雇用主である株式会社○○○○の代表取締役をしております○○○○と申します。今回申請人と雇用契約を締結し、○○○○年○月○日に入社する予定であります。申請人の技術・人文知識・国際業務の在留資格認定証明書交付の許可を賜りたく弊社の採用するに至った経緯やその理由を説明させていただきます。

■当社の事業内容

弊社は、定款に記載があるとおり○○○○や○○○○関連商品等の販売を行っております。

資本金は○○○○万円で、直近年度の売上は○○億○○○○万円（平成○○年○月期決算）を計上し、現在の従業員数は○○名おります。平成○○年○○月には、弊社オリジナル商品の○○○○が○○○○賞を受賞いたしました。

HP アドレス：http://○○○○○.co.jp/

■申請人を採用した経緯

弊社は、平成○○年○月○日に会社を設立いたしました。貿易事業の進化、拡大を図るためにチャレンジ精神を持ち、楽しみながら仕事をして、弊社との化学反応を起こして新しい発想を生み出すことが可能な人を求めていた折、申請人である○○○○さんがインターネットを見て応募して下さいました。最終学歴は、○○○○国の○○○○大学で文学士の学位を取得された非常に優秀な方です。さらに○○○○大学在学中に○○○奨学財団の奨学金をもらって日本の○○大学に留学経験があり、日本語能力試験 N1 にも合格しているのと、現在は台湾の学校で中国語を勉強しており、とても勉強熱心で努力家であります。母国語の英語と合わせますと、3ヶ国語を話すことができますので採用させていただくことにいたしました。

【図表 32　貿易業での理由書実例 -2】

■申請人の経歴について

詳細については履歴書を添付いたしますが、概要は以下になります。
申請人は、〇〇〇大学を卒業済みであり、文学士の学位を取得致しており、現在は台湾の学校で中国語を勉強中で、今年の２月に修了予定であります。

■申請人の職務内容

申請人の仕事内容は下記になります。申請人の〇〇〇〇大学での専攻は日本語・中国語であり、日本語能力試験のＮ１にも合格しています。さらに現在は台湾の学校で中国語を勉強しており、母国語の英語とあわせますと３ヶ国語（英語・日本語・中国語）を操ることができますので、海外との翻訳・通訳業務を中心におこなってもらう予定です。

申請人の職務内容

・海外の取引先との連絡の調整
・販売促進、システム開発、人材管理などを含む各種プロジェクトの管理及びサポート
・売上向上、経費削減、業務効率化案などの企画、提案
・国内外のフリーランサー向けの委託業務募集要項の作成、提示及び応募者の評価、採用
・採用したフリーランサーの委託業務進捗管理
・新規導入商材、サービスの調査及びその供給業者の調査
・商材、ブランド及び会社自体のマーケティング活動のサポート

■申請人の給与について

申請人の給与は雇用契約書に記載のとおり、月額〇〇万円です。業務に必要な経費等は別途支給します。

当会社では、申請人をぜひ雇用したいと考えております。今般の技術・人文知識・国際業務の在留資格認定交付申請を許可いただきますようお願い申し上げます。

【図表 33　不動産業での理由書実例 -1】

日付：平成○○年○月○日

○○出入国在留管理局長　殿

株式会社○○○○不動産
代表取締役　○○○○

雇用理由書

申請人の氏名：○○○○○

私は、申請人「○○○○○」の雇用主である株式会社○○○○不動産の代表取締役をしております○○○○と申します。今回申請人と雇用契約を締結し、○○○○年○月○日に入社する予定であります。申請人の技術・人文知識・国際業務の在留資格変更の許可を賜りたく弊社の採用するに至った経緯やその理由を説明させていただきます。

■当社の事業内容

弊社は、定款に記載があるとおり不動産物件の管理・媒介、売買の仲介サービス等の事業を行っております。

資本金は○○○○万円で、直近年度の売上は約○億○○○○万円を計上し、東京の○○に事務所を構えております。弊社の HP 内容をプリントアウトしたものを添付しましたのでご参照ください。

また、http://www.○○○○○.com/でより詳細をご覧いただけます

■申請人を採用した経緯

弊社は、平成○○年○月○日に会社を設立いたしました。近年、日本に来る留学生や社会人が増えて来ており、居住用不動産の賃貸仲介や売買いう需要が増えております。弊社の所在地は比較的外国人居住率が高い地域であり、とりわけ中国語圏の方の問い合わせが増加してきており、日本語だけではなく中国語での対応およびお客様の立場に立って考えることができる人を求めていた折、申請人であります○○○○さんが応募して下さいました。彼はワーキングホリデーで日本に滞在していた時に、弊社のインターンシップ制度に参加してもらい勤務態度が良好なことから、今回は○月○日より正社員として採用するとした次第です。

【図表 33　不動産業での理由書実例 -2】

■申請人の経歴について

詳細については履歴書を添付いたしますが、概要は以下になります。
申請人は、台湾の〇〇〇大学の企業管理学科で商学学士を取得した後、台湾国内企業で数年就労経験を積み、今回ワーキングホリデーで日本に来ました。また、〇〇〇〇年～〇〇〇〇年にかけて東京の〇〇〇外国語大学で日本語を勉強しており、在学中に日本語能力試験の２級に合格しておりますので、日本語も堪能です。

■申請人の職務内容

申請人の業務は営業及びマーケティング業務と一般事務を担当してもらう予定です。業務量としては営業及びマーケティングが８割、一般事務が２割程度になる予定です。

営業に関する業務

・中国語、英語及び日本語を使用した外国人・日本人顧客に対する不動産物件の紹介とその契約サポート業務をしてもらう予定です。また、問い合わせには日本語での対応はもちろん、中国語でも対応していただき、中華圏の新規顧客獲得のための重要なツールとしても力を発揮してもらいたいと考えております。

マーケティング業務

・会社自体のマーケティング活動のサポート
特に中華圏外国人顧客に対するマーケティング業務を担当してもらい、中国語 WEB サイト構築のための翻訳業務や中国語新聞に対する広告出稿業務を予定しております。
・売上向上、経費削減、業務効率化案などを、大学で学んだ知識やこれまでの就労経験から、積極的に企画・提案をしてもらいたいと考えています。

一般事務業務

・会計帳簿記帳、お問い合わせへの電話・メール対応、請求書・納品書・領収書などの発行等の業務もおこなっていただきます。

■申請人の給与について

申請人の給与は雇用契約書に記載のとおり、月額〇〇〇〇円です。業務に必要な経費等は別途支給します。

当会社では、申請人をぜひ雇用したいと考えております。今般の技術・人文知識・国際業務の在留資格変更申請をご許可いただきますようお願い申し上げます。

【図表 34　製造業での理由書実例 -1】

日付：平成〇〇年〇月〇日

〇〇出入国在留管理局長　殿

〇〇産業株式会社
代表取締役　〇〇〇〇　㊞

雇用理由書

私は、申請人「〇〇〇〇〇」の雇用主である〇〇産業株式会社の代表取締役をしております〇〇〇〇と申します。今回申請人と雇用契約を締結いたしまして、申請人の技術・人文知識・国際業務の在留資格認定証明書交付の許可を賜りたく弊社の採用するに至った経緯やその理由を説明させていただきます。

■当社の事業内容

弊社は、定款に記載があるとおり自動車部品の生産工場として〇〇〇と〇〇〇〇加工の技術向上に努め、数々の特許を取得し、最先端の技術と共に歩んで参りました。

資本金は〇〇〇〇万円で、直近年度の売上は約〇〇億〇〇〇〇万円（平成〇〇年〇月期決算参照）を計上しており、社員は〇〇〇人おります。また技能実習生の受け入れもしており、現在受け入れている技能実習生は〇人おります。

HP アドレス：http://www.〇〇〇〇〇〇〇〇〇.com

■申請人を採用した経緯

弊社は、昭和〇〇年〇月〇日に会社を設立いたしました。専門知識を駆使して弊社の生産ラインや人員を総合的に管理・監督できる人を求めていたおり、申請人であります〇〇〇〇さんが応募してくださいました。最終学歴は、〇〇〇〇国の〇〇〇〇大学で機械工学の学士の学位を取得された非常に優秀な方です。また、弊社で技能実習生として受け入れた経験もあることから、弊社の生産ラインや工程を知っており、さらに日本語も話すことができますので、この度採用することに致しました。

■申請人の経歴について

詳細については履歴書を添付いたしますが、概要は以下になります。
申請人は、〇〇〇〇国の〇〇〇〇大学を卒業済みであり、機械工学の学士の学位を取得致しました。また〇〇〇〇年から〇〇〇〇年まで弊社で技能実習生として受け入れた経験もございます。

【図表 34　製造業での理由書実例 -2】

■申請人の職務内容

申請人の仕事内容は下記になります。申請人の○○○○大学での専攻は機械工学であり、また、弊社で技能実習生として弊社の技術を学んだ経験もあります。勤務態度は非常に優秀で学ぶ姿勢を忘れずに、常に向上心を持って仕事に取り組んでおりました。弊社では、申請人の能力や人柄を高く評価しております。

・指導、監督、管理

機械工学や電力工学などの専門知識を駆使して、弊社での生産工程、品質管理、人員管理・育成等の工場全体を総合的に管理監督する業務をおこなってもらいます。

・技術開発業務

新たな製造方法を生み出すのに、開発→設計→試作→試験→評価という業務をおこなってもらいます。弊社は製造方法について数々の特許（約○個）を取得していますが、それに甘んじることなく最先端の技術を追求・開発をしてもらいます。

取得済み特許のアドレス：http://www.○○○○○○.com/

・通訳、翻訳

弊社では現在○人（○○国籍）の技能実習生を受け入れておりますが、技能実習生達と日本人スタッフたちの架け橋的な役割も果たしてもらいます。

■申請人の給与について

申請人の給与は雇用契約書に記載のとおり、月額○○○○円です。業務に必要な経費等は別途支給します。

当会社では、申請人をぜひ雇用したいと考えております。今般の技術・人文知識・国際業務の在留資格認定交付申請を許可いただきますようお願い申し上げます。

【図表 35　建設業での理由書実例 -1】

日付：平成〇〇年〇月〇日

〇〇出入国在留管理局長　殿

株式会社〇〇〇設計
代表取締役　〇〇〇〇　　㊞

雇用理由書

私は、申請人「〇〇〇」の雇用主である株式会社〇〇〇設計の代表取締役をしております〇〇〇と申します。今回申請人と雇用契約を締結いたしまして、申請人の技術・人文知識・国際業務の在留資格変更申請の許可を賜りたく弊社の採用するに至った経緯やその理由を説明させていただきます。

■当社の事業内容

弊社は、定款に記載があるとおり、主な業務として、建築物の設計、施工、管理等をしております。

〇〇〇〇年〇月〇〇日に創立しておりまして、資本金は〇〇〇〇万円でございます。年間売上高は前年度〇〇億〇〇〇〇万円でございました。

従業員数は〇〇〇名で、うち外国人は〇名でございます。

HP アドレス：http://www.〇〇〇〇.co.jp/

■申請人を採用した経緯

弊社では、特に建築物の設計が業務の中心になっておりまして、一部の施工図の作図に関して、中国の〇〇市にある複数の会社に業務委託をしております。

施工図の作図は建築物等の施工・建築の基礎・指針になるものであり、一連の建設活動にとって必要不可欠です。

その関係で、施工図の作図を請け負う業者と弊社は緻密な連携を常にとる必要があります。中国の作図請負会社は優秀なため、取引先としておりますが、作図に関する説明事項を適切に出さなければならず、その関係でこちら側の日本語での指示を中国語に的確に翻訳できる優秀な専門の通訳が特に必要でありました。

そこで、そのような翻訳・通訳業務に従事してくださる弊社の企業理念に深く共感していただける人を求めていたおり、申請人であります〇〇〇さんが応募してくださいました。

当社にはほかに〇名ほどの外国人従業員が在籍しておりますが、施工図に関し、専属で通訳・翻訳のできる従業員を募集しておりました。

【図表 35　建設業での理由書実例 -2】

〇〇〇さんの最終学歴は、〇〇県の〇〇〇大学で、文学士の学位を取得された非常に優秀な方です。くわえて日本語能力試験の N1 級を合格しておりますので、日本語が非常に堪能であります。

面接試験を行いましたところ、〇〇〇さんは弊社の企業理念を理解していただき、弊社といたしましても弊社の今後も海外企業（中国）との業務提携を維持していくために、〇〇〇さんが最も相応しいと考え、採用することに至りました。

■申請人の経歴について

詳細については履歴書を添付いたしますが、概要は以下になります。
申請人は、〇〇〇〇大学を卒業済みであり、〇〇〇〇学の文学士の学位を取得致しました。また、日本語能力試験の N1 級に合格しております。

■申請人の職務内容

申請人の仕事内容は下記になります。申請人は中国の出身で〇〇〇〇大学を卒業しており、長期間日本に滞在しており、日本の文化に精通しています。また日本語能力試験の N1 級にも合格しておりますので、日本語の能力が非常に高く、面接試験の結果、人間的にも優れており、弊社では、申請人の能力や人柄を高く評価しております。

・通訳、翻訳業務

弊社ではすでに中国企業との業務提携、業務の発注を行っておりますが、弊社の方針として中国企業との業務提携の維持、効率の向上を図ろうとしています。そのために〇〇〇さんには、この翻訳・通訳部門を担当してもらいます。中国の提携企業への製図の発注の件数は多数に及び、この通訳・翻訳業務を〇〇〇さん１名に受け持ってもらいます。

この業務においては、設計等の専門的知識のみならず、日本での企業慣習や一般常識といったものを取引企業に伝える必要もあります。そういった意味で〇〇〇さんは、まさに適切な人材であると確信しております。

■申請人の給与について

申請人の給与は雇用契約書に記載のとおり、月額〇〇万円です。業務に必要な経費等は別途支給します。

当会社では、申請人をぜひ雇用したいと考えております。今般の技術・人文知識・国際業務の在留資格変更を許可いただきますようお願い申し上げます。

【図表 36　外国語スクールでの理由書実例 -1】

日付：平成〇〇年〇月〇日

〇〇出入国在留管理局長　殿

株式会社〇〇〇外国語
代表取締役　〇〇〇　　㊞

雇用理由書

今般の在留資格申請に際し、当社の事業内容や申請人の職務内容等を説明させていただきます。

■当社の事業内容
当社は外国語スクールとして「〇〇〇〇〇〇」を運営しております。

【当社の運営サイト一覧】

〇〇〇外国語スクール HP：http://www.〇〇〇〇.com

当社は現在、英会話スクールの他に中国語スクール及び韓国語スクールを運営しており、東京の〇〇と〇〇にそれぞれ教室が有ります。申請人には各教室で〇〇語の授業および通訳翻訳をしてもらいます。

■申請人の経歴について

詳細については履歴書を添付いたしますが、概要は以下になります。
申請人は〇国にある〇〇〇大学を卒業し、〇〇〇〇年に日本にある日本語学校（〇〇〇〇学院）に入学するため来日いたしました。〇〇〇〇年には日本語能力試験の N1 級にも合格している非常に優秀な方です。日本語学校を卒業した後は専門学校に入学し、卒業しております。

【図表36　外国語スクールでの理由書実例-2】

■申請人の職務内容

申請人には以下の業務を担当してもらいます。

・〇〇語の講師
申請人には主に各教室で〇〇語を教えてもらいます。

申請人は日本語能力試験において N1 の認定を受けており（日本語能力認定書のコピー参照）日本語も堪能で非常に優秀な方です。

・通訳、翻訳
申請人には〇〇語の授業以外も通訳や翻訳業務も担当してもらいます。

〇〇語の通訳業務は、個人または法人からの通訳者派遣の依頼があった場合に、通訳者として日本語と〇〇語の通訳をしてもらいます。

〇〇語の翻訳業務は、〇〇書類の日本語への翻訳、または、日本語の書類の〇〇語への翻訳を担当してもらいます。

・教室の受付
申請人には教室の受付業務も担当してもらいます。

■申請人の給与について
雇用契約書に記載のとおり、月額〇〇万円です。交通費など通勤や業務に必要な経費は、別途支給しております。

当社では、申請人をぜひ雇用させたいと考えております。今般の在留資格変更申請を許可いただきますようお願い申し上げます。

【図表 37　大学生インターンシップの理由書実例（特定活動ビザ）】

○○出入国在留管理局長　殿

申請理由書

申請人の氏名：○○○○

私は、申請人「○○○○」の雇用主である株式会社○○○○の代表取締役をしております○○○○と申します。今回申請人が在籍する大学院とインターンシップ契約を締結し、○○○○年○月○日にインターンシップにて弊社に参加する予定であります。申請人の特定活動の在留資格認定証明書交付の許可を賜りたく弊社の採用するに至った経緯やその理由を説明させていただきます。

■当社の事業内容

弊社は、定款に記載があるとおり○○○○や○○○○関連商品等の販売を行っております。

資本金は○○○○万円で、直近年度の売上は○○億○○○○万円（平成○○年○月期決算）を計上し、現在の従業員数は○○名おります。平成○○年○○月には、弊社オリジナル商品の○○○○がグッドデザイン賞を受賞いたしました。

HP アドレス：http:// ○○○○.co.jp

■申請人を採用した経緯

弊社は、平成○年○月○日に会社を設立いたしました。職場でのビジネスマナー、現在在籍している○○○○で学んでいる経営知識やスキルの使い方、実際の貿易事業の体験等、チャレンジ精神を持ち、楽しみながら学びたい人を求めていた折、申請人である○○○○さんがインターネットを見て応募して下さました。現在は○○○○という経営大学院で修士課程を学ばれている非常に優秀な方です。インターンシップということで大学側も単位として認めておりますので、実際の職場を体験していただいて弊社から学べるものは学んでいってほしいと考えております。

当会社では、申請人をぜひインターンシップでお呼びしたいと考えております。今般の特定活動の在留資格認定証明書交付申請を許可いただきますようお願い申し上げます。

○○○○年○月○日

株式会社○○○○
代表取締役　○○○○　　印

【図表 38　スポーツ指導者の理由書実例（技能ビザ）-1】

○○出入国在留管理局長　殿

有限会社○○○○
代表取締役　○○○○

雇用理由書

申請人の氏名：○○○○

私は、申請人「○○○○」の雇用主である有限会社○○○○の代表取締役をしております○○○○と申します。今回申請人と雇用契約を締結し、○○○○年○月○日に入社する予定であります。申請人の技能の在留資格認定証明書交付の許可を賜りたく弊社の採用するに至った経緯やその理由を説明させていただきます。

■当社の事業内容

弊社は、会社案内に記載があるとおりラフティングのツアーをおこなっております。
資本金は○○○万円で、直近年度の売上は約○○○○万円（平成○○年○月期決算）を計上し、現在の従業員数は○○名程おります。また、弊社は創立以来無事故記録を更新中であります。参考までに弊社の会社案内を添付しましたのでご参照ください。また、下記ホームページアドレスでより詳細をご覧いただけます。

ホームページアドレス：http://www.○○○○○.com

■申請人を採用した経緯

弊社は、平成○年○月○日に会社を設立いたしました。ラフティングの魅力を広く伝えられるように、そして確かな実力をもっているプロフェッショナルな人を求めていた折、申請人である○○○○さんが応募して下さいました。申請人はネパールの「○○○○」という会社で約５年もの間、ラフティングツアーのガイドをしていた非常に優秀な方です。ネパールは世界有数の理想的ラフティングの場として有名であり、レスキューのトレーニングも積んでおりますので、この度採用させていただきました。

【図表 38　スポーツ指導者の理由書実例（技能ビザ）-2】

■申請人の経歴について

詳細については履歴書を添付いたしますが、概要は以下になります。
申請人は、ネパールにあります「○○○○」で約５年間ラフティングツアーのガイドをしておりまして、３年以上の実務経験を有することの条件を満たしているものと思慮いたします。

■申請人の職務内容

申請人の仕事内容は下記になります。ネパールで培ったラフティングツアーのガイドとして経験を存分に活かし、日本でのラフティングの普及に、弊社と共に尽力していただきたいと思います。

申請人の職務内容

・ラフティングツアーのガイド及び付随業務

■申請人の給与について

申請人の給与は雇用契約書に記載のとおり、月額○○万円です。業務に必要な経費等は別途支給します。

当会社では、申請人をぜひ雇用したいと考えております。今般の技能の在留資格認定証明書交付申請を許可いただきますようお願い申し上げます。

【図表 39　雇用契約書のサンプル】

雇　用　契　約　書

……………株式会社代表取締役……………（以下「甲」という。）と……………国人……………

（以下「乙」という。）とは以下の条件に基づき雇用契約を締結する。

(1) 雇用期間：　　年　　月　　日から　　年　　月　　日までの　　年間とする。ただし、双方が希望するときは自動的に更新される。
(2) 就業場所：……………の社内及び雇用者が指定した場所
(3) 職務内容：……………
(4) 就業時間：……………
……………
(5) 休　　日：……………
(6) 給　　与：月額・年額　　　　円
(7) 賞　　与：……………
(8) 昇　　給：……………
(9) 保　　険：甲は乙に対して法律の範囲内で社会保険に加入させるものとする。
(10)諸 費 用：業務遂行上の諸費用は甲の負担とする。
(11)就業規則：乙は甲の定める就業規則に従う。
(12)準 拠 法：本契約は日本国の法律・法令を基準として解釈する。
(13)停止条件：本契約は日本政府により入国（在留）許可されない場合は発効しないものとする。
(14)そ の 他：本契約に規定されていない事項については甲、乙双方の協議により定める。

年　　月　　日

甲　所在地……………
　　企業名……………
　　職氏名……………㊞
乙　居住地……………
　　氏　名……………㊞

本書で紹介したいずれの理由書サンプルも、「事業内容」「申請人を採用した経緯」「申請人の経歴」「申請人の職務内容」「申請人の給与」で構成されているのがおわかりかと思います。これらの項目が、出入国在留管理局が審査をする上で必要な情報でもあります。

特に重要な「事業内容」「申請人を採用した経緯」の記載ポイントについて触れておきます。

① 事業内容

出入国在留管理局は、申請人がどのような会社で働くことになるのかについての情報が必要です。もし、採用理由書がないと、添付資料として付けた登記事項証明書や決算書の写し、会社案内などの表面的な情報からしか会社の内容を知ることができません。

しかし、審査は、書面審査で完結するものなので、足りない情報については積極的に補っていく姿勢が必要となります。「いったいこの会社はどういった会社なのか」ということを、簡潔にわかりやすく、特に事業の安定性、継続性といったことを中心に要領よくまとめる必要があります。ホームページのアドレスがあれば記載しておくとよいでしょう。

② 申請人を採用した経緯

なぜ、多くの応募者がいる中で、「その外国人を」採用したいのかをアピールします。専門的な知識や技術を持った外国人を採用するに当たっては、必ずそこに至った経緯や目的、理由があるはずです。その人材を必要とする「必要性」をしっかりと記載します。

第7章　就労ビザに関するよくあるQ＆A

Q1　就労ビザで困ったときの相談先は

Ａ　外国人雇用で困ったときの相談先は、入管専門の行政書士が挙げられます。行政書士に手続を依頼すれば、コストはかかりますが、相当な事務処理量の軽減と最適なコンサルティングが得られます。
費用をかけたくない場合は、次のところへの相談をおすすめします。

①　出入国在留管理局の就労審査部門へ電話で直接問い合わせる

東京出入国在留管理局の場合は、相当混んでいるため、ほとんど電話がつながりません。質問への回答も不明瞭になりがちで、「最終的には審査してみないとわからないので、まずは申請してみてください」で終わることも多々あります。

入管サイドとしても、問い合わせている方の状況が１００％わかることはできないので、どうしても回答は不明瞭になりがちです。

②　管轄の出入国在留管理局の就労審査部門へ直接行って聞く

番号札を引いてから順番で案内されます。東京出入国在留管理局の場合は、非常に混んでいるため、ほんの少しの相談でも2～3時間待ちがざらです。

③　外国人在留総合インフォメーションセンターへ聞く

・ナビダイヤル：０５７０－０１３９０４

・IP電話・PHSから：０３－５７９６－７１１２
　比較的電話がつながりやすいですが、外部委託業者が運営しているため、回答が不適切な場合もあるようです。したがって、電話がつながりにくくても、就労審査部門へ問い合わせることをおすすめします。

Q2　行政書士に依頼するメリットは

Ａ　行政書士という国家資格者で、さらに出入国在留管理局申請取次という資格を取得している行政書士は、図表40のようにお客様の入管手続をサポートすることができます。単なる行政書士資格保持者では、法律上サポートできません。
　図表41のフローチャートでは、行政書士に就労ビザの在留資格申請を依頼した場合の流れを示します。この流れは個々の状況によって多少変わってくる場合もあるかもしれませんが、基本的には同じです。

　行政書士は、このような流れで依頼者のサポートを行っていきます。ご自分で申請の経験がない方や仕事で忙しい方は、行政書士に最初から依頼してしまったほうが賢明です。

　出入国在留管理局は、年々増え続けている外国人によって業務がパンパンです。特に、東京出入国在留管理局に行ってみていただければわかるのですが、毎日ものすごい数の外国人が申請に訪れていて、３～４時間待ちなどはザラにあります。申請に当たって少しの疑問を解決するだけでも大変です。

【図表41　在留資格変更
・フローチャート】

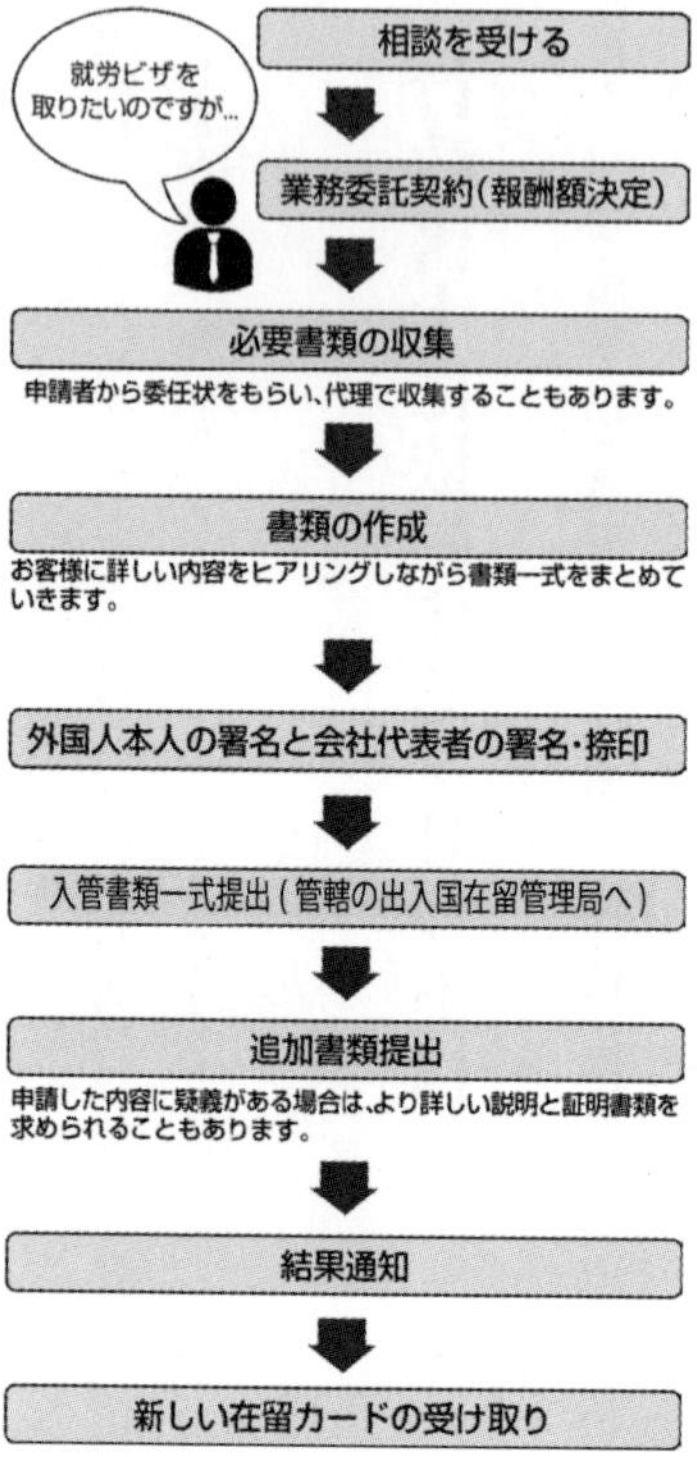
就労ビザを
取りたいのですが…
相談を受ける
業務委託契約（報酬額決定）
必要書類の収集
申請者から委任状をもらい、代理で収集することもあります。
書類の作成
お客様に詳しい内容をヒアリングしながら書類一式をまとめていきます。
外国人本人の署名と会社代表者の署名・捺印
入管書類一式提出（管轄の出入国在留管理局へ）
追加書類提出
申請した内容に疑義がある場合は、より詳しい説明と証明書類を求められることもあります。
結果通知
新しい在留カードの受け取り

【図表40　海外から招聘・
フローチャート】

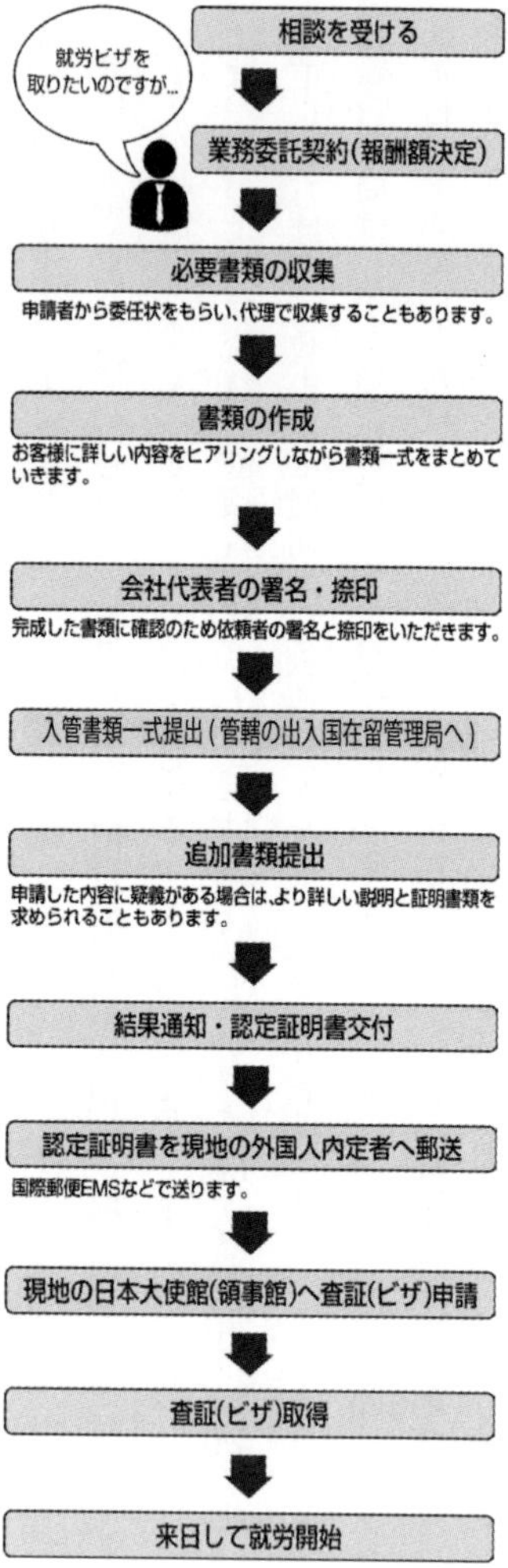
就労ビザを
取りたいのですが…
相談を受ける
業務委託契約（報酬額決定）
必要書類の収集
申請者から委任状をもらい、代理で収集することもあります。
書類の作成
お客様に詳しい内容をヒアリングしながら書類一式をまとめていきます。
会社代表者の署名・捺印
完成した書類に確認のため依頼者の署名と捺印をいただきます。
入管書類一式提出（管轄の出入国在留管理局へ）
追加書類提出
申請した内容に疑義がある場合は、より詳しい説明と証明書類を求められることもあります。
結果通知・認定証明書交付
認定証明書を現地の外国人内定者へ郵送
国際郵便EMSなどで送ります。
現地の日本大使館（領事館）へ査証（ビザ）申請
査証（ビザ）取得
来日して就労開始

Q3　日本人の配偶者である外国人社員が離婚したときは

Ａ　外国人社員が日本人と結婚している場合、多くは「日本人の配偶者等」というビザを持っているはずです。「日本人の配偶者等」は、就労制限がありませんので、どんな職種でも制限なく働くことができます。

しかしながら、日本人と離婚した場合は、もう日本人の配偶者ではありませんから、次回の更新はできませんし、放っておくとビザ取消しの対象となる場合もあります。

まずは、外国人が日本人と離婚をしたら、「14日以内」に出入国在留管理局へ届出をする必要があります。その上で、今後の当該外国人社員のビザ（在留資格）をどうするかを考える必要があります。

つまり、離婚をしたので、そのまま「日本人の配偶者」のままではいられないということです。日本人と離婚したら、一定の条件によりますが、定住者ビザへ変更できる可能性があります。「定住者」も就労制限がないので、これまでと同じように働くことができます。

しかし、「定住者」への変更条件を満たすことができない場合は、「技術・人文知識・国際業務」といった一般の就労ビザへ変更する必要がありますが、「技術・人文知識・国際業務」は、学歴要件と職種によっては許可されないケースがあります。

外国人本人が学歴がなく、職種も単純労働だった場合は、就労ビザを取得できず、帰国せざるを得ないケースになる場合もあります。

Q4　就労ビザが取れない職種があるってホント

A　就労ビザが取れない職種はあります。次のような単純労働とみなされる仕事では、フルタイムの就労ビザはまず取得できません。

・レジ
・品出し
・陳列
・清掃
・ドライバー
・警備員
・建築現場労働者
・販売
・ウェイトレス
・調理補助
・工場作業員

留学生や家族滞在の外国人が資格外活動許可を取れば、週28時間以内の就労ができます。「日本人の配偶者等」「永住者」「永住者の配偶者等」「定住者」の外国人は、就労制限がないので、単純労働でもそのまま制限なく働けます。

日本の外国人受入れ政策としては、専門的、技術的専門知識のある外国人のみを受入れの基本としているため、前記の仕事では、現時点では就労ビザを取得することができません。

Q5　設立したばかりの1人社長の会社での外国人雇用は

A　就労ビザを申請する場合に、雇用企業の信頼度が4つに区分されています。カテゴリーの制度で1～4まであります。
カテゴリー1は上場企業などで一番信頼が高くなっています。設立したばかりの企業は、カテゴリー4で一番信頼性が低くなっています。

したがって、提出資料も他のカテゴリーの企業に比べ非常に多くなっており、かつ審査も厳しくなっています。

特に重要なのは、新設会社で外国人の就労ビザを取りたい場合は、会社の実績が何もないため、今後の事業計画書を作成し提出しなければなりません。

設立間もない実績のない会社の場合、出入国在留管理局側の考えとして、「そもそもペーパーカンパニーではないのか」「外国人社員に給料を払うことはできるのか」「ビザ取得目的で会社をつくったのではないのか」「本当に事業はうまくいくのか」という疑念があるからです。

このような考えをもって出入国在留管理局は審査を進めますから、当然、他のカテゴリーに属する企業よりも審査期間が厳しく、かつ長めになります。

審査が厳しいとはいえ、就労ビザが取れないということはありません。外国人を雇用する必要性があり、外国人の学歴と関連性のある職務内容で採用するのはもちろんですが、事業計画書を作成し、今後の計画と、経営者の経歴などを説明することにより、十分就労ビザを取得する可能性を見出すことができます。

また、最近の企業は、ホームページを持っているのはほぼ当然のような時代ですので、ホームページは最低限制作しておくことをおすすめします。

ホームページの有無は、審査上、出入国在留管理局にチェックされると考えたほうがよろしいかと思います。

Q6　個人事業主で外国人を雇用できるのは

A　入管法の法的側面からいえば、個人事業主も法人と同じく、外国人を雇用し、就労ビザを取ることは理論上は可能です。ただし、気をつけたいのは、理論上可能というのと、審査の厳しさは別ということです。

個人事業主は、法人と異なり、税務署に届出さえすれば、誰でも個人事業主になれます。したがって、法人のように登記事項証明書や定款など公的証明書がありません。

そのため、それに代わるものとして、個人事業としての実体を別の書類で証明していく必要があります。

個人事業主として、数年営業したことによる確定申告書などがあればより有利といえますが、個人事業初年度となれば、公的書類はほとんどない状態です。

基本的に、個人事業主は、カテゴリー4に入りますが、出入国在留管理局から提示されている提出書類一覧よりも多くの書類を提出しなければならず、個人事業としての安定性、継続性を証明できる資料の作成が必要になります。

それさえできれば、個人事業として外国人を雇用できないわけではありません。

Q7　家族滞在ビザの外国人を雇用するときの注意点は

Ａ　家族滞在ビザを持つ外国人は、基本的に就労ができませんが、図表42の「資格外活動許可」を

【図表42　資格外活動許可申請書】

別記第二十八号様式（第十九条関係）

日本国政府法務省
Ministry of Justice, Government of Japan

資　格　外　活　動　許　可　申　請　書
APPLICATION FOR PERMISSION TO ENGAGE IN ACTIVITY OTHER THAN THAT PERMITTED UNDER THE STATUS OF RESIDENCE PREVIOUSLY GRANTED

出入国在留管理局長　殿
To the Director General of the Regional Immigration Services Bureau

出入国管理及び難民認定法第19条第2項の規定に基づき，次のとおり資格外活動の許可を申請します。
Pursuant to the provisions of Paragraph 2 of Article 19-2 of the Immigration Control and Refugee Recognition Act, I hereby apply for permission to engage in activities other than those permitted under the status of residence previously granted.

1 国籍・地域 Nationality / Region ____　2 生年月日 Date of birth ____ 年 Year ____ 月 Month ____ 日 Day

3 氏名 Name ____

4 性別 Sex 男・女 Male/Female　5 配偶者の有無 Marital status 有・無 Married / Single　6 職業 Occupation ____

7 住居地 Address in Japan ____

電話番号 Telephone No. ____　携帯電話番号 Cellular Phone No. ____

8 旅券 Passport (1)番号 Number ____　(2)有効期限 Date of expiration ____ 年 Year ____ 月 Month ____ 日 Day

9 現に有する在留資格 Status of residence ____　在留期間 Period of stay ____

在留期間の満了日 Date of expiration ____ 年 Year ____ 月 Month ____ 日 Day　10 在留カード番号 Residence card No. ____

11 現在の在留活動の内容（学生にあっては学校名及び週間授業時間）
Present activity (for student: name of school, lesson hours per week)

12 他に従事しようとする活動の内容 Other activity to engage in

(1)職務の内容 Type of activity　□ 翻訳・通訳 Translation / Interpretation　□ 語学教師 Language teaching　□ その他（　　） Others

(2)雇用契約期間 Term of employment contract ____　(3)週間稼働時間 Working hours per week ____

(4)報酬 Salary ____ 円 Yen（□ 月額 Monthly　□ 週額 Weekly　□ 日額 Daily）

13 勤務先 Place of employment

(1)名称 Name ____

(2)所在地 Address ____　電話番号 Telephone No. ____

(3)業種 Type of business　□ 製造 Manufacturing　□ 商業 Commerce　□ 教育 Education　□ その他 Others

14 法定代理人（法定代理人による申請の場合に記入） Legal representative (in case of legal representative)

(1)氏名 Name ____　(2)本人との関係 Relationship with the applicant ____

(3)住所 Address ____

電話番号 Telephone No. ____　携帯電話番号 Cellular Phone No. ____

以上の記載内容は事実と相違ありません。 I hereby declare that the statement given above is true and correct.
申請人（法定代理人）の署名／申請書作成年月日 Signature of the applicant (legal representative) / Date of filling in this form

____ 年 Year ____ 月 Month ____ 日 Day

注 意 申請書作成後申請までに記載内容に変更が生じた場合，申請人（法定代理人）が変更箇所を訂正し，署名すること。
Attention In cases where descriptions have changed after filling in this application form up until submission of this application, the applicant (legal representative) must correct the part concerned and sign their name.

※ 取次者 Agent or other authorized person

(1)氏名 Name ____　(2)住所 Address ____

(3)所属機関等 Organization to which the agent belongs ____　電話番号 Telephone No. ____

取れば、アルバイトでの就労が可能になります。しかし、それでも就労時間は週28時間までという制限はあります。

アルバイトの内容には特に制限はありませんが、次の３つの仕事はできません。

① 法令で禁止されている活動
② 公序良俗に反するおそれのある活動
③ 風俗関連営業（キャバクラでの接客も含む）

そして、この「家族滞在ビザ」の外国人のアルバイトでよく問題になるのは、週28時間を超えての就労と、外国人パブ等での接客業への就労です。

実際、生活費を稼ぎたいために、週28時間を超えて就労する外国人が多いようです。

これは入管法違反になるのですが、週28時間を超えて就労していたのが、ビザ更新時に発覚するケースが多いので、くれぐれも就労時間についてはオーバーしないように注意しましょう。

もし発覚すれば、資格外活動違反としてビザの更新ができなくなります。

Ｑ８　定住者ビザの外国人を雇用することは

Ａ　日系ブラジル人、日系ペルー人、日系フィリピン人など日系人である外国人は、「定住者」のビザが取得できます。祖先が日本人であり、昔に移民として海外に渡ったその日本人の子孫が日系人です。

「定住者」は、就労制限がありませんので、工場などでの単純就労も認められ、群馬県や静岡県、愛知県など製造業が盛んな地域で日系の外国人が多く働いているのが見受けられます。群馬県にはブラジル人街などもあります。

日系4世については、「定住者」の在留資格で在留する親の扶養を受けて生活する未成年者であることが条件です。日系2世、3世は、そのような条件はありません。

ただし、日系人のすべてが「定住者」のビザで在留しているわけではないので、雇用するときは十分に気をつけてください。

日系人の中にも、「短期滞在」や「研修」といったビザで在留している者もいます。そうした人は、単純労働はもちろんのこと、働くこと自体認められていませんので、在留カードをよく確認することが必要です。

なお、定住者ビザは、日系人の方が多いのですが、「日本人の配偶者等」というビザで在留していたものの、離婚や死別といった理由で「定住者」のビザに変更になった方もいます。

第8章

その他の就労ビザにはどのようなものがあるのか

1　法律・会計業務ビザ

「法律・会計業務ビザ」とは、弁護士、外国法事務弁護士、公認会計士、外国公認会計士、税理士、司法書士、土地家屋調査士、社会保険労務士、弁理士、海事代理士、行政書士の11士業を行う場合に与えられる在留資格です。

外国人がこれらの資格を取得するのは非常に大変だと思うのですが、優秀な外国人もいらっしゃいます。

外国人が日本でこれらの11種の士業に従事する場合には、「法律・会計業務」という就労ビザを得る必要があります。

各士業の独占業務を行うための仕事ですので、資格を持っていても、登録せずに企業の法務部で働くような場合は、法律学に基づいた「技術・人文知識・国際業務」の範囲となりますのでご注意ください。

就労可能な職種

法律・会計業務ビザを持っている場合に就労可能な職種は、前述の11種類の士業に限定されます。中小企業診断士、不動産鑑定士は含まれません。

法律・会計業務ビザ取得のポイント

・資格を有していることが必要です。
・各士業の団体（弁護士会など）に登録済みであることが必要です。資格を有しているだけではビザは取得できません。
・外国法事務弁護士の場合も、日本弁護士連合会への登録手続完了後に「法律会計業務」の在留資格申請ができます。

2　医療ビザ

「医療ビザ」は、医師、歯科医師その他の医療系の資格を有する外国人が取得する在留資格です。医療系の資格を持たなければできない医療業務をする活動になります。

所持する資格は日本の資格のみで、外国で取得した資格は対象となりません。また、就労先は、病院もしくは薬局となります。

就労可能な職種

医師、歯科医師、薬剤師、保健師、助産師、看護師、准看護師、歯科衛生士、診療放射線技師、理学療法士、作業療法士、視能訓練士、臨床工学技士、義肢装具士が当てはまります。

医療ビザに含まれない職種

歯科技工士、あん摩マッサージ指圧師、はり師、きゅう師、柔道整復師、介護福祉士、社会福祉士、ヘルパーは、医療ビザに含まれない職種です。

医療ビザ取得のポイント

医療ビザは、資格を有しなければ法律上従事することを認められていない業務を行う場合に許可されますので、単に資格を有しているだけでは認められません。

病院に勤務したとしても、事務系の職種であれば、「技術・人文知識・国際業務」に該当する場合がありますし、病院の経営陣となれば、「経営・管理」に該当する場合もあり得ます。

3 興行ビザ

「興行ビザ」は、演劇、演芸、音楽、スポーツ等の興行にかかる活動や、その他の芸能活動をする外国人に与えられる在留資格です。

例えば、外国のミュージカルやサーカスなどで外国人役者を招聘する場合や、コンサートの日本公演をする場合、またはプロスポーツ選手を招聘する場合などが当てはまります。

就労可能な職種

・歌手
・ダンサー
・オーケストラなど音楽家
・俳優、女優
・タレント
・モデル
・プロスポーツ選手
・プロのトレーナー、コーチ、監督

興行ビザ取得のポイント

興行ビザは、本人の要件と招聘会社の要件の2方向で考える必要があります。細かい基準はありますが、大きくは、外国人本人は2年以上外国での経験があること、もしくは外国の教育期間で活動に関連した科目は2年以上専攻していることが条件です。

また、招聘会社としても、外国人興行の実務経験を3年以上有する経営者がいることや、5名以上の常勤職員がいることなどの条件があります。

話は変わりますが、数年前までは、興行ビザでフィリピン人女性がフィリピンパブのホステスとしてかなり多く来日していましたが、現在は招聘不可能となっておりますのでご注意ください。

当時は、フィリピンパブで、ホステスとして働くつもりなのにもかかわらず、ダンサー等と称して多数来日していました。そのためのブローカーも多数暗躍していましたが、現在、フィリピンパブで働いているホステスは、ほとんどが「日本人の配偶者等」や「永住者」「定住者」のようです。

4　報道ビザ

「報道ビザ」は、外国人ジャーナリスト等に与えられる就労ビザです。外国のテレビ局や新聞社、通信社などから派遣された外国人記者、カメラマンなどが該当します。

就労可能な職種

新聞記者、雑誌記者、報道カメラマン、ライター、編集者、アナウンサー、ディレクター、レポーターなどです。

報道ビザ取得のポイント

報道ビザは、外国の報道機関からの特派員等が対象となるわけであり、この場合の「外国の報道機関」というのは、外国に本社のある報道機関のことを指します。外国の報道機関と派遣される外国人は、雇用契約があることを想定していますが、フリーランスの記者でも、外国の報道機関との委任や委託契約に基いて行う活動であれば認められます。

報道ビザは、報道をするための取材活動のほか、撮影、記事の執筆、画像編集なども含まれます。注意点としては、「報道に関する活動」が対象となりますので、娯楽番組や娯楽記事執筆に関する取材活動は含まれません。

なお、外国人記者が短期間来日して取材等の報道上の活動を行う場合は、中長期の就労ビザである「報道ビザ」ではなく、「短期滞在」のビザになります。「報道ビザ」は、中長期の滞在用の就労ビザですので、あくまでも日本に中長期滞在し報酬を得ていく場合に必要となるビザです。

5　教授ビザ

「教授ビザ」は、外国人の大学教授、助教授、講師等に与えられる就労ビザです。常勤、非常勤を問わず取得できますが、非常勤の場合は、各大学との契約内容や収入の安定を証明しなければならないため、出入国在留管理局への提出資料は増えます。

教授ビザを取得するには、大学、大学に準ずる機関、高等専門学校において、①研究をする活動、②研究を指導する活動、③教育をする活動のいずれかの職務を行うことが必要です。

「大学」には、４年制の大学、短期大学、大学院、大学の別科、大学の専攻科、大学の付属研究所、放送大学が含まれます。

大学教授や講師というのは、学生に講義をしたり、自ら研究も行っているのが通常ですので、「研究をする活動」についても教授ビザが認められています。

教授ビザ取得のポイント

・勤務先が「大学」「大学に準ずる機関」「高等専門学校」であること。
・勤務先において「研究」「研究の指導」「教育をする」活動を実質的に行うかどうかがポイント。
・講師や助手でも勤務先と職務内容が合致すれば取得できます。
・非常勤でも取得できる可能性があります。

非常勤で就労する場合でも教授ビザを取得できますが、「教授」の在留資格の活動内容によって生計を立て、安定した生活を営むことができる必要があります。つまり、非常勤であっても、生計を維持できる報酬を受けられることが必要です。非常勤講師の場合は、複数の大学で掛け持ちをしていることも多いかと思いますが、収入に関しては合算して生計を維持できれば足ります。

6　教育ビザ

「教育ビザ」は、日本の小学校、中学校、高校などにおいて、主に語学教育をするために取得する在留資格です。民間（一般企業）の英会話学校に勤務する外国人講師は、「教育」ではなく「技術・人文知識・国際業務」となります。また、大学での勤務は、「教育」ではなく「教授」となります。

「教育」の対象となる学校

日本の小学校、中学校、高等学校、中等教育学校、特別支援学校、専修学校、各種学校、設備及び編制に関してこれに準ずる教育機関です。

外国人本人の要件

① インターナショナルスクールに勤務する場合は、次のいずれかに該当していること。
・大学を卒業し、またはこれと同等以上の教育を受けたこと
・行おうとする教育に必要な技術または知識にかかる科目を専攻して、日本の専修学校の専門課程を修了（当該終了に関し法務大臣が告示をもって定める要件に該当する場合に限る）したこと
・行おうとする教育にかかる免許を有していること（日本の免許のほか外国の免許も含まれる）

② 外国語の教育をしようとする場合は、当該外国語により12年以上の教育を受けていること、それ以外の科目の教育をしようとする場合は、教育機関において当該科目の教育について5年以上従事した実務経験を有していること。

「外国語により12年以上の教育を受けていること」の意味は、外国人が母国において、日本で教

えようとしている言語を使って教育を受けているという意味で、教育の内容は問われません。

7　芸術ビザ

「芸術ビザ」は、創作活動を行う作曲家、作詞家、画家、彫刻家、工芸家、著述家、写真家などが芸術活動を行う外国人に与えられる就労ビザです。

芸術ビザは、芸術活動のみの収入によって日本で安定した生活を営むことができる必要があるので、展覧会への入選等の相応の実績のある芸術家でなければ、安定した生活をできるとは通常は考えられません。したがって、相応の実績が求められます。芸術活動で得られる収入は雇用契約か否かを問いません。

また、音楽、美術、文学、写真、演劇、舞踊、映画等の芸術上の活動について、「指導」を行い収入を得る場合も該当する場合があります。

収入を伴う芸術活動は「芸術ビザ」ですが、収入が伴わない芸術活動は「芸術ビザ」ではなく、「文化活動」というビザに該当します。

就労可能な職種

就労可能な職種は、芸術上の活動に限定されています。作曲家、作詞家、画家、彫刻家、工芸家、著述家、写真家等で、安定した収入があることが必要です。

「芸能活動」や「演奏活動」は、芸術に近い部分がありますが、それらは「芸術ビザ」ではなく「興行ビザ」に該当します。

芸術ビザ取得ののポイント

・入管法の認める芸術活動に該当するかどうか
・コンクール、展覧会等への入選等芸術上の相当程度の実績があるか
・芸術活動のみで安定した生活を営むことができるか

8　高度専門職ビザ

「高度専門職ビザ」は、優秀な外国人の受入れを促進するために新しく設けられた制度です。高度人材ポイント制で、「学歴」「職歴」「年収」などの項目にポイントを設け、合計70点以上の外国人が取得できます。

高度人材は、図表43の３つの活動内容に分けられます。

「高度専門職」は、１号と２号に分けられます。「高度人材２号」は、１号からしか変更できません。つまり、必ず全員「高度人材１号」を経ることになります。

【図表43　高度人材の３つの活動内容】

①高度学術研究活動	日本の公私の機関との契約に基いて行う研究、研究の指導又は教育をする活動
②高度専門・技術活動	日本の公私の機関との契約に基いて行う自然科学又は人文科学の分野に属する知識又は技術を要する業務に従事する活動
③高度経営・管理活動	日本の営利を目的とする法人等の経営を行い又は管理に従事する活動

「高度専門職」を取得できると、一般の就労ビザとは違い、優遇されていることがいくつかあります。それを次にまとめます。

「高度専門職１号」の場合

①　複合的な在留活動の許容

外国人は許可されたビザ・在留資格の範囲内でしか活動できませんが、「高度専門職」を取得すると、関連する複数の在留資格にまたがる活動も行うことができるようになります。

②　在留期間「５年」の付与

他の就労ビザは、例えば「技術・人文知識・国際業務」の場合は本人の経歴や、企業や本人の信頼度によって、期間が「1年」か「3年」が多いですが、「高度専門職」の場合は「5年」が与えられます。

③　在留歴にかかる永住許可要件の緩和

永住許可は、日本で10年以上居住し、その中で5年以上の就労経験が必要ですが、「高度専門職」は「高度専門職」の活動を5年以上行っていると永住許可要件を満たします。

④　配偶者の就労

外国人配偶者は、「家族滞在」の在留資格となり、資格外活動許可を取得しても週28時間までという制限があります。

また、配偶者がフルタイムの社員として「技術・人文知識・国際業務」の活動を行おうとする場合は、「技術・人文知識・国際業務」の取得要件として、本人の学歴等の要件が必要ですが、学歴等を満たさない場合でも就労できるようになります。

⑤　一定の条件の下での親の帯同

高度専門職を取った外国人の親や、その配偶者の親を呼ぶことができるようになります。外国人の親については、そもそもビザ（在留資格）がないため、日本で同居するためにはかなりの老齢であるとか病気があるなどの要件があり難しいのですが、高度専門職の場合はハードルが下がります。

親の帯同要件は、次のとおりです。

・高度人材の世帯年収が８００万円以上であること
・高度人材と同居すること
・高度人材またはその配偶者のどちらかの親に限ること

これらの要件を満たし、

・高度人材の7歳未満の子を養育する場合

または、

・高度人材本人または高度人材の配偶者の妊娠中の介助を行う場合

に親を呼び寄せることができます。

⑥ 一定の条件の下での家事使用人の帯同

家事使用人は、通常「経営管理」や「法律会計業務」の在留資格を持つ一部の外国人にしか認められていませんが、「高度専門職」を取得すれば、家事使用人を帯同できるようになります。

⑦ 入国・在留手続の優先処理

一般の就労系在留資格の審査は、1か月～3か月かかりますが、高度専門職の場合は5日～10日の短い期間で審査を終えるように優先されます。

「高度専門職2号」の場合

高度専門職2号は、高度専門職1号で3年以上活動を行っていた方が対象になります。次の優遇措置が受けられます。

a 「高度専門職1号」の活動と併せて、ほぼすべての就労資格の活動を行うことができる

b 在留期間が無期限となる… 在留期間が無期限となるので、実質永住許可を同じ意味を持つようになります。

c 「高度専門職1号」の③から⑥までの優遇措置が受けられます。

第9章　外国人を雇用した後に注意すべきこと！

1　就労ビザの更新は3か月前から

就労ビザの更新は、期限の3か月前から手続が可能です。外国人社員の就労ビザの更新は、会社でも管理をして、更新手続を忘れないようにしましょう。

就労ビザ更新の手続は、会社の担当者が外国人本人の代わりに申請することができません。会社は、本人の代わりに申請する権限がなく、本人のみしか更新手続は行えません。しかし、行政書士は、外国人社員の代わりに申請を行えますので、会社としては、外国人本人に全部手続を任せてしまうのが不安な場合は、行政書士の利用を検討することをおすすめします。

ビザ更新は、「在留期間更新許可申請」を行うことになりますが、期限ギリギリに申請することがないように、計画的に準備をすべきです。更新の審査期間は、約2週間～1か月前後かかります。

就労ビザの更新手続の前提としては、「外国人社員の職務内容が変わっていない」ということと、「勤務先が変わっていない」ということがあれば、比較的スムーズに更新は許可されます。

ただし、ご注意いただきたいのは、前回新規で就労ビザを取ったときに会社の「新規」事業をやるために外国人が必要だという説明をして新規に就労ビザ取得をしたようなケースでは、ビザ取得から現在の更新までの期間に、その外国人社員が今までどんな仕事をしてきたのかという「実績」を提示しなさい、と出入国在留管理局から説明を求められることがあるということです。

例えば、外国人社員の職務内容をWEBサイト作成として就労ビザを新規で取った場合は、この1年間の成果物を見せてくださいですとか、貿易業務で就労ビザを取っていた場合は、この1年間の貿易取引実績を見せてくださいとか言われる可能性があります。

つまり、「当初就労ビザ取得時に説明した職務内容を本当にその外国人社員はやってきたんですか。申請内容と違う職種で仕事はもちろんしていなかったですよね？」ということを、出入国在留管理局は確認したいのです。

更新の申請は、スムーズに許可される場合と、いろいろ文書を求められる場合があります。

更新許可は、「更新が適当と認めるに足りる相当の理由があるときに限り許すことができる」と法的に決められていますので、当該外国人社員の在留状況、許可の相当性があるかどうかをみて決定されます。更新は、期限を1日でも遅れるとオーバーステイになり、退去処分になります。就労ビザの更新管理については、くれぐれもご注意ください。

就労ビザの更新のよくある２パターン

就労ビザの更新には、一般的に2つのパターンがあります。それは、前回申請時と何も変更がない「単純な更新」と、転職や職務内容が変わっていて前回申請時と異なる更新です。

①　単純な更新

前回の申請と内容が全く同じで、ビザの種類も同じままという更新が単純な更新です。前回申請時と同じ会社に勤務し、同じ仕事内容をしている、そしてこれからも同じ会社、同じ仕事をするという場合は、審査はスムーズに進み、比較的楽に許可されます。

ただし、何も変更がなかった場合でも、初回に新規事業をやるといった目的で雇用した場合は、この1年間の職務実績を資料とともに示さなければならない場合もあります。

② 転職していて前回申請時と内容が異なる更新

転職して前回申請時と会社が変わっている場合、就労ビザの種類が変わらない場合は、更新申請となります。会社にとっては、中途採用であり、外国人社員にとっては転職の場合です。

会社が変わっているので、実質的には新規申請と同じくらいの審査内容となり、審査期間も単純更新より長くなるのが一般的ですので、申請には余裕をもったスケジュールを組むようにしたほうがよろしいかと思います。

転職入社時に「就労資格証明書」の申請をして事前に審査を受け、許可を受けておけば、単純更新となります。

更新申請がギリギリになってしまった場合

更新の申請は、審査期間が通常は2週間から1か月程度あります。したがって、更新申請をギリギリに提出してしまった場合、結果が出ないまま在留期限を過ぎてしまうケースがあります。

ギリギリに申請した場合、期限が過ぎたらオーバーステイになってしまうのではないかと心配する方がいらっしゃいますが、更新申請さえ受理してもらえば、期限満了の日から将来に向かって2か月間は結果が出なくてもオーバーステイになることはありません。

あくまでも2か月間なので、この間に結果が出ないとオーバーステイになるため、期限満了日から2か月経っても結果が来ないときは、出入国在留管理局に相談する必要があります。

最終的には、審査が長引いて結果が出なくてオーバーステイになってしまったら、自己責任となりますので、スケジュールには余裕を持ちましょう。

通常は、出入国在留管理局も配慮をして、在留期限後2か月以内に結果を出すようにしています。

更新を忘れてしまった場合

ついうっかり就労ビザの更新を忘れてしまった場合は、どうしたらよいのでしょうか。わざとではなくとも、期限が切れてしまった場合は、オーバーステイとなります。つまり、不法滞在です。

こういう事態になってしまった場合は、すぐに出入国在留管理局へ出頭し、事情を説明する必要があります。その際に、外国人社員1人で行かせるのではなく、中小企業であれば会社の代表者か、大きい会社の場合は人事責任者の方でもよいですから、同行したほうがよいでしょう。

事情によっては特別に対応してもらえることもあるようですが、原則論としては、出国しなければならなくなる可能性も高くなります。

出国命令で出国すると、原則1年は日本に入国できません。またオーバーステイ期間中に仮に逮捕されてしまうようなことがあると、５年以上入国できなくなってしまう場合もありますから十分注意が必要です。さらに会社側へは不法就労助長罪で懲役や罰金が課される可能性もありますので、外国人社員の在留資格更新の管理はしっかり行っておくようにオススメいたします。

2　外国人社員から家族を呼び寄せたいと相談を受けたら

外国人社員が母国から家族を呼び寄せるときは、一般的には「家族滞在」というビザを使って呼び寄せる手続をします。

具体的には、日本の出入国在留管理局で、「在留資格認定証明書交付申請」を行い、認定証明書の交付を受けたら、それを母国の家族へ送り、家族が現地の日本領事館へ認定証明書を持って行き、ビザの発給を受けます。

出入国在留管理局への申請に当たっては、外国人社員の収入を証明するために、会社から発行しなければならない書類がいくつかありますので、会社側の協力も必要になります。

家族滞在ビザで呼べるのは、外国人社員の配偶者と子どもに限りますので、両親や兄弟姉妹は呼べません。

また、家族滞在ビザは、就労が制限されています。資格外活動許可を受ければ週28時間まで就労可能ですが、それを知らずに時間オーバーの違反をすると、外国人社員本人の就労ビザにも影響してしまう場合があるので、会社側としてもできるだけ説明をしたほうがよいと思います。

3　就労ビザが不許可になってしまったら

就労ビザ申請は、ご自分で申請した場合、不許可になることもあります。事実、ご自身で申請した方が、不許可になって、筆者の事務所へ相談にいらっしゃるというケースもあります。

出入国在留管理局は、ビザを許可にするか、しないかについて広く裁量を持っていますので、申請すれば必ず下りるという性質のものではないのです。

不許可になるパターンは大きく分けて２つある

１つ目は、そもそも許可になるような案件ではなかった場合です。そもそも許可になる要件を満たしていなかったため、どういう申請をしたところで下りない場合です。つまり専門の行政書士に相談したところで、依頼さえ断わられるようなケースだと知らずに申請してしまったケースが当てはまります。

２つ目は、申請内容によっては、本来は許可になるケースであるにもかかわらず、申請書作成において書類不備、説明不足や誤解を生む要素を記載してしまい、不許可になるケースです。

したがって、２つ目の場合であれば、再申請する場合において、専門家に依頼することにより、リカバリー（許可）できる可能性もあります。

それを踏まえて、不許可になってしまった場合の対応を次にご説明いたします。

① 不許可の理由を調査する

不許可通知書が届いた場合に、その通知書には理由が一言しか書いてないため、本当の不許可理由がはっきりとわかりません。したがって、申請した出入国在留管理局へ出向き、個室で審査官と対峙することになります。

そこで不許可の理由を聞くことになるのですが、不許可に対するクレームを言ったり、本当はこうだったと事情説明を繰り返したり、さらには法的根拠に基づかない話を延々としている方を見受けますが、これは意味がありません。

既に不許可という決定がされている以上、その場で不許可が許可にくつがえされるということは100％ありません。

審査官に不許可理由を聞くときには、最初の申請したときにどの点がまずかったのか、もしくは申請人側も知らないような情報を出入国在留管理局が持っていたのかなど、冷静に情報を取っていく必要があります。

② どの点を修正して再申請すれば見込みがあるかの見解を聞く

また、こちらから積極的に審査官から不許可理由を取っていく姿勢がないと、親切に不許可の理由をすべて教えてくれない可能性もあります。

つまり、不許可理由は1つのみではないこともあります。特に大きい理由を1つ挙げ、それ以外の理由は説明を省略されてしまうことがあります。なぜなら、そもそも審査官は、丁寧に不許可理由を教えなければならないという義務はないからです。

したがって、特に大きい理由の1つを聞き出し、それを修正して再申請をしたとしても、他に不許可原因がある場合は再度不許可になり、理由を聞きに行くと、最初に聞いていない別の不許可理由を言われる場合があります。そのため、初回に不許可理由を聞きに行くときにすべての理由を聞くようにしてください。

それと合わせて確認しておくべきこととしては、再申請に当たり、どの点を修正して再申請すれば許可の見込みがあるかという審査官の見解を聞くことです。

4　不許可になる理由

不許可になる理由の主なものには、次のようなものがあります。

①　外国人の出身学校での専攻内容と職務内容が不一致

就労ビザが許可されるためには、外国人の学んだ専門性と職務内容に関連性があることが大前提です。

専門性とは、大学等での学部学科で学んだ専攻内容です。学歴と職務に関連性がなければ、許可されません。

例えば、大学で情報処理を学んだ外国人がシステム会社等でSEを行う場合は許可されやすく、栄養専門学校を卒業した外国人が貿易会社に就職して貿易事務では許可されないということです。

学歴がない場合は、実務経験年数や公的資格でも取得可能な場合がありますが、当てはまるのは実質多くはありません。

② 在留資格（ビザ）に該当がない

そもそも取得しようとしている就労ビザの種類ではその業務ができない、という理由により申請が不許可になることがよくあります。特に、製造業、小売業、飲食業、運送業、建設業などの工場や店舗といった「現場」というものがあるビジネスにおいては、新入社員はＯＪＴ研修の一環で現場へ配置されることも多いはずです。

しかしながら、いわゆる「現場」で就労をするためのビザは存在しません。就労ビザには、現場で働くためのものがないのです。

単に現場労働者なのか、それとも現場での就労は研修の一環で一時的なものなのかを明確にし、就労ビザ（在留資格）に該当するように申請内容を構成する必要があります。くれぐれも出入国在留管理局に「無断で」現場で働かせるようなことは控え、不法就労を疑われないようにしなければなりません。いわゆる「現場」で働ける就労ビザはないのです。

また、「虚偽」や「隠ぺい」といったことは、出入国在留管理局が最も忌み嫌うことですので、この点についても十分に気をつけるようにしてください。

③　外国人本人に問題がある

専門性と職務内容が一致し、どれかの就労ビザ（在留資格）に該当していたとしても、外国人本人に問題がある場合は許可されません。具体的に「問題」というのは、当該外国人の過去の入管法違反や刑法違反などです。

出入国在留管理局では、外国人の過去の在留状況をすべて把握しています。事実を隠して申請してもすぐにバレてしまいますし、そのようなことをすると、後々にまで影響してしまいます。

④　企業側に問題がある

前記の３つについてすべて問題がなくても、企業側に問題があれば許可されません。

企業側の問題とは、具体的には、決算書から判断する際に、赤字が多く企業としての継続性に問題がある場合です。

つまり、すぐ倒産しそうとか、事業内容と職務内容から考えると何のために外国人を採用する必要性があるのか全くわからないこと、などが該当します。

5　リカバリーの方法

不許可になってしまったものについては、再申請をすることができます。しかし、専門知識のない方がやみくもに再申請をしても結果を覆すのは至難の業です。

そのようなときは、「出入国在留管理局申請取次行政書士」の資格を持っている行政書士に相談するのがベストです。

例えば、前述の不許可になる理由であげた4つの理由のうち、②と③については、行政書士であっても覆すのは無理です。単純労働を認めてもらうための手立てや、犯罪を犯した者を入国させる方法はそもそもないのですから。しかし、①や④については、リカバリーする余地があります。
①の学歴（または職歴）と職務内容がマッチしていない場合ですが、企業側が他に何かマッチする職務でも採用してもいいということであれば、専門家が詳細にヒアリングすることによって、打開策が得られる場合があります。
また、素人の方が自分で申請した場合は、学歴（または職歴）と職務内容がマッチしていたのに、それを上手く立証できなかったがゆえに不許可になってしまったというケースもあります。

出入国在留管理局の審査は、書面審査であることを忘れないでください。仮に事実が正しくても、その事実を書面でしっかりと立証できないと、あっさりと不許可になってしまうこともあるのです。

さらに、④の企業側に問題がある場合ですが、事業の再建策や、その後に続く継続性や安定性といった点についてしっかりと立証していけば、打開策が得られる場合があります。しかし、明確な根拠のもと、出入国在留管理局を納得させるだけのものでなければなりませんので、やはり専門家に相談されることをおすすめします。

第10章　外国人の起業・役員就任・対日投資

1　外国人の起業に伴う経営管理ビザの条件

外国人が日本で会社をやっていく場合は、経営管理ビザが必要です。それは、自分で起業して会社を設立する場合でも、大きな会社が日本進出して代表者に就任する場合でも、どこかの会社の役員に就任する場合でも同じです。

経営管理ビザは、簡単にいうと、「会社が合法、適法なもの」＋「安定性、継続性」が問われます。普通の就労ビザより厳しい取得要件があります。

したがって、経営管理ビザ手続や書類作成は、他の就労ビザより大変ですし、少しのことでも不許可になる可能性があります。

さらに、経営管理ビザは、会社設立したり、事務所を借りたり、営業許認可取得、税務署への手続をしてから申請を行いますので、失敗した場合はかなり大きな損失になってしまいます。

経営管理ビザを確実に取るためには、会社を設立する前から計画的に考えておかなければなりません。

ビジネスは、どんな種類のビジネスでもＯＫです。ただし、事業の継続性・安定性が立証できるだけの内容が必要となります。

そして、この「経営管理ビザ」を取るためには、次の２つの条件が必要です。

① 事業を営むための事務所、店舗が日本に確保されていること
② 経営者以外に2人以上の日本に居住する者（日本人、永住者、日本人の配偶者等、永住者の配偶者等、定住者）で、常勤の職員が従事して営まれる「規模」のものであること
この「2人以上の社員の雇用」についてですが、2人以上の社員の雇用がなくても、「新規事業を開始する場合の投資額が年間500万円以上ある」場合は、2名以上の職員を雇用するのと同じ「規模がある」とみなしてもらえます。

最初から社員を2名雇うのは難しいという方が多く、500万円用意して会社を設立する方が多いです。しかしながら、500万円の資金を用意して会社をつくった場合には、その資金源も問われます。出入国在留管理局の審査の中で、「500万円はどうやって準備したのですか」と聞かれます。資金源は、しっかり説明できるようにしておく準備が必要です。見せ金ではダメということです。

さらに、経営管理ビザの取得には、次の3事項も条件になります。
・必要な営業許可を取得済みであること（飲食店営業許可、古物商、その他）
・必要な税金関係書類を申告済みであること
・事業の安定性・継続性をしっかり説明した事業計画書を作成していること
経営管理ビザは、立証資料の揃え方、資料の説明の仕方が非常に難しく、難易度の高いビザです。経営管理ビザが不許可になると、会社を経営できませんので、絶対に失敗してはいけないビザです。

経営管理ビザは、最初は1年で許可をもらえるのが普通です。最初から3年はもらえません。

ちなみに、従来は、経営管理ビザは、外資系企業の経営者に対してのみ出ましたが、２０１５年4月の法改正で、日系企業の外国人社長・外国人役員になっても出るように改正されました。

2　外国企業が日本へ進出する際のスキーム

外国企業が日本へ進出する際のスキームについて解説したいと思います。
外国企業が対日投資として日本進出を行う際の法人形態の選択は、

① 日本法人を設立する
② 日本支店を設立する
③ 駐在員事務所を設置する

という3つの形態が考えられます。
さらに、①の日本法人を設立するに当たっては、「株式会社」か「合同会社」かを選択できます。合名会社、合資会社という形態もありますが、外国人の場合ほとんど使われていないので省略します。

拠点形態の種類

外国企業が日本に拠点を設立する場合、日本での活動内容に応じて図表44のいずれかの形態を選

【図表44　外国企業の拠点形態の種類】

	駐在員事務所	日本支店	株式会社	合同会社
ビジネス活動	できない	○	○	○
登記	なし	○	○	○
事務所設置	○	○	○	○
資本金	なし	本国のもの	○	○
ビザ取得	○	○	○	○
会計処理	ビジネス活動をできない	本国会社との合算処理	日本法人単独処理	日本法人単独処理
訴訟	ビジネス活動をしていない	本国会社へ及ぶ	日本法人のみに及ぶ	日本法人のみに及ぶ

【図表45　株式会社と合同会社の違い】

	株式会社	合同会社
会社代表者と出資者との関係	会社代表者は出資者でなくともよい	出資者が会社を代表する
出資権の譲渡	自由に株式を譲渡できる	他の社員の承諾要
出資者	個人、法人可	個人のみ
設立実費	20万円（15万円は法務局、5万円は公証役場）	6万円（法務局）
知名度	高い	低い

択することになります。

日本法人を設立する（株式会社、合同会社）

日本法人を設立する場合は、「株式会社」か「合同会社」かの形態を選ぶことができます。

株式会社と合同会社の違いを図表45にまとめました。

日本で株式会社を設立する場合、以下のような流れで手続が進みます。

ステップ1　会社の基本事項を決めます。会社をつくるに当たっては、会社名、会社の住所、事業目的などを決めなければなりません。

←

ステップ2　会社の基本原則となる「定款」を作成します。

←

ステップ3　「ステップ2」で作成した定款を公証役場で認証します。

←

ステップ4　会社の資本金を振り込みます。発起人の口座に資本金を振り込み、通帳のコピーを取り、払込証明書を作成します。

←

ステップ5　設立登記申請に必要な添付書類と登記申請書を作成します。会社の状況に合わせて書類をつくります。登記申請日が会社の設立日になります。

←

ステップ6　会社の設立手続完了後には、各種の届け出をします。税務署、都道府県税事務所、社会保険事務所、労働基準監督署、公共職業安定所などに届出書類を提出します。

←

ステップ7　会社を設立した後は、経営管理ビザ申請を行います。必要な書類を作成して、出入国在留管理局へ提出します。

↓

ステップ8　会社設立・ビザ取得後、本格的に会社経営開始。

印鑑証明書

外国人の会社設立で注意しなければならない点は、印鑑証明書と日本の銀行口座です。

在留カードを持っている中長期滞在の外国人は、日本の役所で印鑑証明書を取得できるのですが、海外在住の外国人が発起人になろうとしたときに、在留カードがないため、日本の印鑑証明書が取れません。

そういう場合は、海外の印鑑証明書を使うことになります。例えば、中国では、「印鑑公証書」が印鑑証明書に当たります。これを取得することで、印鑑証明書として使えます。

印鑑公証書を取得するときに注意していただきたいのは、公証書なので公証すべき内容をこちらで指示しなければならないということです。日本の印鑑証明書に記載されている内容は、漏れなく公証してもらうようにしてください。つまり、印影、氏名、生年月日、性別、住所が記載されている印鑑公証書でなければ日本では認められません。

韓国に関しては、日本と同じように印鑑証明書というものがありますので、韓国で印鑑証明書を取得すれば、必要事項が記載されています。

日本の銀行口座

会社の設立に当たっては、発起人個人の日本の銀行口座が必要です。そこにこれからつくる会社の資本金を振り込む必要があります。

資本金となるお金を発起人の個人口座に振り込むということが、会社設立手続のステップの中で必要な手続となっているのです。

ということは、特に在留資格認定証明書で経営者を日本に呼ぶ手続においては、往々にして「銀行口座を持ってない」という問題が起こることが多いです。銀行口座は、海外の銀行口座ではダメです。日本の銀行口座を持っている方を発起人に入れておかないと、会社設立ができません。

日本支店の設置

「日本支店」は、本国会社名義でビジネス活動をする場合に選ぶ形態です。日本支店は、法的には本国会社の一部となりますので、会計処理は本国会社と合算処理され、訴訟も本国会社に及びます。

日本支店は、ビジネス活動も可能で、収益を上げることが可能です。日本支店として法人格はありませんが、日本支店としての登記は、必要です。

また、日本支店としては、「資本金」がありませんので、新たな出資金は必要ありません。本国会社の資本金がそのまま資本金となります。

在留資格についてですが、日本支店長は「経営・管理」か「企業内転勤」、それ以外の社員は「技術・人文知識・国際業務」か「企業内転勤」となります。

駐在員事務所の設置

駐在員事務所は、原則、ビジネス活動ができません。ビジネス活動ができないので、駐在員事務所を設置しても、日本では収益を上げることはできません。

駐在員事務所の業務範囲としては、市場調査、マーケティング、広告、物品購入、連絡業務に限られます。法人格はなく、登記が不要です。また、銀行口座をつくりたくても、駐在員の個人口座を使うしかありません。

駐在員の在留資格（ビザ）を取得することは可能です。駐在員が「短期滞在」で来日した後に、事務所の確保、事務機器を購入し、実体が伴えば「企業内転勤」、もしくは「技術・人文知識・国際業務」の在留資格取得が可能となります。

駐在員事務所を設置したい場合は、次の流れで手続を進めていくことになります。

1　駐在員事務所を借りる
←
2　出入国在留管理局へ在留資格認定証明書交付申請をする
←
3　許可されたら本国の日本大使館で査証（ビザ）の発給を受ける

↓
4　日本入国
↓
5　個人の銀行口座を開設
↓
6　必要に応じて税務署、労基署、ハローワーク等へ届出

3　必要書類【経営管理ビザ】

【共通書類】

・在留資格認定証明書交付申請書、または在留資格変更許可申請書
・外国人本人の証明写真（縦4㎝×横3㎝）
・返信用封筒（宛先を明記、404円切手貼付）※認定の場合のみ
・在留カード　※変更の場合
・パスポートのコピー
・大学の卒業証書または卒業証明書　※大卒の場合

・日本語能力を証明する書類（日本語能力試験合格証などがあれば）
・申請理由書（これまでの経歴、起業のきっかけ、出資金の形成過程説明、共同経営者と知り合ったきっかけ、共同経営者との役割分担、起業準備中に行ったこと、自分の強み、経営にかけるいきごみ、会社の概要、将来の事業展望などを記入）
・出資金の形成過程説明を証明できる書類

【会社に関する書類】

・事業計画書
・損益計画表
・登記事項証明書
・定款のコピー
・年間投資額と資本金の出処を説明する文書
・株主名簿
・取締役の報酬を決定する株主総会議事録
・会社名義の銀行通帳のコピー
・設立時取締役選任及び本店所在地決議書のコピー
・就任承諾書のコピー

・会社案内またはＨＰ（役員、沿革、業務内容、主要取引先が記載されたもの）
・会社の写真（ビル外観、入口、ポスト、オフィス内、建物の住居表示、フロア別案内板など。オフィス内には、机、ＰＣ、電話、キャビネットなどが設置されていること）
・オフィスの建物賃貸借契約書のコピー（オフィスの不動産を所有している場合は、「登記事項証明書」が必要）
・給与支払事務所等の開設届出書のコピー（税務署の受付印があるもの）
・源泉所得税の納期の特例の承認に関する申請書のコピー（税務署の受付印があるもの）
・法人設立届出書（税務署の受付印があるもの）
・青色申告の承認申請書（税務署の受付印があるもの）
・法人（設立時）の事業概況書（税務署の受付印があるもの）

◇飲食店や旅行業、不動産業など許認可を必要とするビジネスをする場合

・営業許可証のコピー

◇発起人に企業が含まれている場合

・登記事項証明書
・定款のコピー

・株主名簿
・決算報告書（直近年度）

◇管理者として雇用される場合
・雇用契約書
・事業の経営または管理について3年以上の経験があることを証明できる資料

◇既存会社の役員になる場合
・最新年度の貸借対照表・損益計算書のコピー
・前年分の職員の給与所得の源泉徴収票等の法定調書合計表（受付印のあるものの写し）

◇外国法人内の日本支店に転勤する場合
・異動通知書または派遣状のコピー（日本語翻訳要）

4　経営管理ビザ申請理由書と事業計画書の実例サンプル

・通信販売会社（申請理由書・図表46／事業計画書・図表47／損益計算書・図表48）

【図表 46　通信販売会社・申請理由書 -1】

○○出入国在留管理局長　殿

○○○○年○月○日

在留資格変更許可申請理由書

氏名：○○○

国籍：中国

生年月日：○○○○年○月○日

私は中国人の○○○と申します。履歴書記載の通り、中国の○○○省出身で中国の○○○大学を卒業し、○○○○年に日本にある株式会社○○○の中国支社に入社しました。○○○○年○月に日本の本社に移動になりましたので、技術・人文知識・国際業務のビザを取得し、来日いたしました。

日本に来た時から、日本で作られた製品というのは中国のものとは違い、とても質が高く、ジャパンブランドの人気の高さに納得いたしました。同時に日本のものづくりの技術というのは世界に誇れる技術だとも思い、その技術で作られた日本製の商品を、もっと世界に紹介していきたいという感情が芽生え、この度、海外の法人や個人を相手に販売をする輸出入貿易事業をおこなう会社を設立させていただきました。特に今は円安の影響もあり、日本で仕入れて中国で販売していくには良い機会だと思っております。主な商品として、最初は日用雑貨品等で、今後は衣料品や衣料雑貨品、電子機器等も取り扱う予定です。

現在は中国で有名なタオバオ傘下の全球購というサイトに出店させていただき、その他にもアリババドットコムや日本貿易振興企業のジェトロ等にも登録していく予定で、質の高い日本製品を世界に紹介していきたいと思っております。

当面は私 1 人の会社ですが、業績が上がり次第日本人従業員を２人ほど雇用する予定です。１日でも早く事業を軌道に乗せるため一層努力致します。

【図表46　通信販売会社・申請理由書-2】

「経営・管理」資格の該当性と適合性

1、申請会社の本店事務所は申請人自宅とは異なる場所に設けて確保してあり、法務省令が求める営業所を既に確保して要件を満たしているものと思料致します。

2、申請人の出資額は500万円です。500万円につきましては、私自身が働いて貯めたお金約○○○万円と両親からお借りしたお金（約○○○万円）で、母（○○○）が○月○日に○○○万円を振り込んでくれました（送金証明書に参照）。両親からの援助なので正式に契約等は結んでおらず、契約書等もございませんが、事業が軌道に乗ってきましたらきちんと返済をしていこうと考えております。

3、初年度の申請人の役員報酬は月額２０万円です。

以上の諸事情をご理解いただき、申請人である私、○○○の在留資格「経営・管理」の在留資格変更許可申請を認めていただきたく、何卒宜しくお願い申し上げます。

【図表47　通信販売会社・事業計画書 -1】

作成日：○○○○年○月○日

東京出入国在留管理局長　殿

○○○合同会社

事　業　計　画　書

東京都○○区・・・・・・・・・・
TEL：０３－○○○○－○○○○

代表社員　○○○　　　㊞

【図表47　通信販売会社・事業計画書-2】

事業目的

1　衣料品、衣料雑貨品、日用雑貨品の販売並びに輸出入業務
2　インターネット等のネットワークシステムを利用した通信販売業
3　通信、情報処理機器の販売及び輸出入業務
4　前各号に付帯または関連する一切の業務

サービス内容

・海外輸出入貿易事業

主に中国でニーズの急増している日本の日用雑貨品、電気製品等の商品を日本国内で仕入れ、中国をはじめとするアジア各国に輸出し、現地の法人や個人に対して販売をおこなっていく。
また日本と中国、日本と韓国を中心に輸出入の代行やコンサルティングをおこなっていく。

取扱予定商品一例

・腕時計

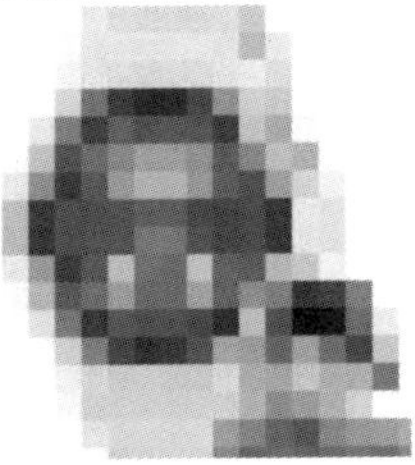

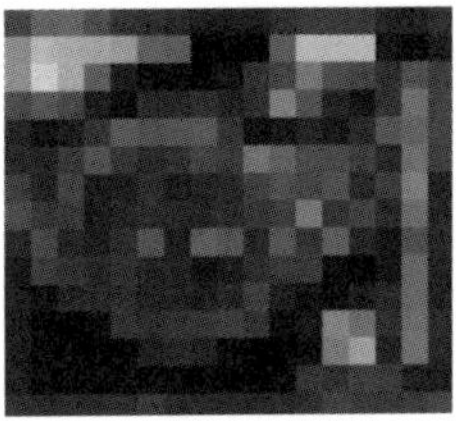

【図表 47　通信販売会社・事業計画書 -3】

・まつ毛カーラー

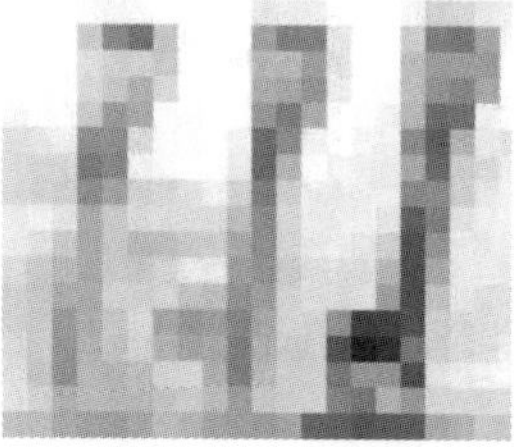

・音波振動磁気ブラシ

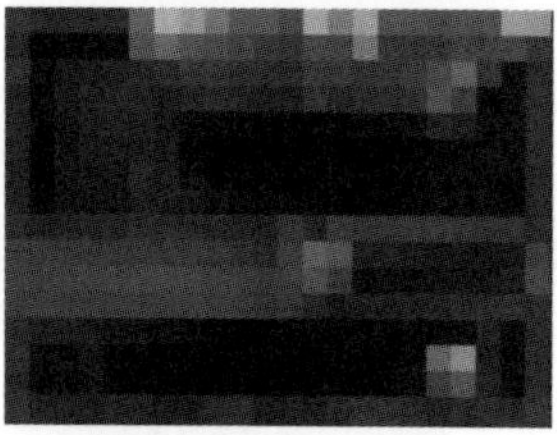

・ポケット空気浄化機

【図表 47　通信販売会社・事業計画書 -4】

集客方法

中国のタオバオ傘下の全球購というショッピングサイトに登録をし、日本で仕入れた商品を中国で販売していく。タオバオというショッピングサイトは中国のオンラインショッピングのＷＥＢサイトで、現在の中国国内で占める利用者数、売上、シェアは№１のサイトになります。ユーザー数は１億７０００万人、売上は２０８３億人民元にも及びます。アジアにおいてもタオバオは№１になっており、その勢いは数年後には世界一になるほどの急成長を遂げていますので、集客力はあると考えられます。２００７年、タオバオは全球購というショッピングサイトを設立し、その趣旨は中国にいるお客さんは海外に行かなくても手間をかけずに商品を購入できることである。つまり、海外にいる売り手のみそこで出店できる。２０１２年４月全球購の日平均訪問数は既に 180 万人を超えている。中には商品の単価が最高１６８万元であり、貿易成長率は毎年 100%である。そこで、弊社は当該サイトを中心に商売を展開していく。

また、弊社のホームページを作成し、WEB 広告や SEO 対策を積極的に行い、ホームページアクセス数を増やす。法人の顧客に対してはホームページから電話もしくはメールを受けた後、ヒアリングし、見積もり等を提示する。個人の顧客に対しては、あらかじめホームページ上に値段を提示しておく予定である。また、見込み客に対しテレアポによる営業もあわせて行う。

全球購での自社サイト：
http://○○○○・・・・・・・・・

特色

ショップではジャンルごとの検索や、売れ筋ランキングなどでも検索できるようにし、ほしい商品や人気の商品をすぐに検索できるようにする。文字の表記や写真をできるだけ細かくないものにし、わかりやすさを重視する。

また、日本で正規品（新品）を入荷し、領収書と保証書と税関の証明などを提供して、高価品を購入したお客さんを安心させる。価格が少し高くなるが、品質が良く保障がある商品を販売することを弊社の特色としていく。

また、高品質を売りにするために商品を日本で仕入れ、季節ごとのセールやポイントでの割引特典なども積極的に取り入れる。

【図表 47　通信販売会社・事業計画書 -5】

取引先

現在契約中

事業の進捗

○○○○年○月○○日	○○○合同会社設立 資本金 500 万円
○○○○年○月○○日	税務署関係書類届出
○○○○年○月○○日	事務所契約 住所：東京都○○区・・・・・・・ 家賃：○○万円 賃貸借期間：１年間
○○○○年○月	仕入れ先と契約
○○○○年○月	営業開始

スタッフ構成

現在の人員

○○○○年○月○日現在
代表社員：○○○５００万円出資、創業者 担当：会社代表

今後の人員計画

現在は代表者１人の会社だが、今後日本人の従業員２人を雇い、私は中国の市場開拓業務と代表業務、WEB 担当の従業員１人と事務担当の従業員１人、計３人で運営していきたいと考えている。

【図表 48　通信販売会社・損益計算書】

月次損益計画表(年間)

(単位：円)

		開業月	8月	9月	10月	11月	12月	1月	2月	3月	4月	5月	6月	年間合計
売上高		300,000	500,000	900,000	1,200,000	1,400,000	1,700,000	2,100,000	2,500,000	2,900,000	3,200,000	3,600,000	4,000,000	24,300,000
売上原価		120,000	200,000	360,000	480,000	560,000	680,000	840,000	1,000,000	1,160,000	1,280,000	1,440,000	1,600,000	9,720,000
売上総利益		180,000	300,000	540,000	720,000	840,000	1,020,000	1,260,000	1,500,000	1,740,000	1,920,000	2,160,000	2,400,000	14,580,000
経費	人件費	0	0	0	180,000	180000	180,000	180,000	360,000	360000	360,000	360,000	360,000	2,520,000
	家賃	41,040	41,040	41,040	41,040	41,040	41,040	41,040	41,040	41,040	41,040	41,040	41,040	492,480
	広告宣伝費	0	10,000	12,000	12,000	12,000	12,000	24,000	24,000	24,000	24,000	24,000	24,000	202,000
	消耗品費	10,000	12,000	14,000	16,000	18,000	20,000	22,000	24,000	26,000	28,000	30,000	32,000	252,000
	通信費	10,000	10,000	10,000	10,000	10,000	10,000	10,000	10,000	10,000	10,000	10,000	10,000	120,000
	役員報酬	200,000	200,000	200,000	200,000	200,000	200,000	200,000	200,000	200,000	200,000	200,000	200,000	2,400,000
経費合計		261,040	273,040	277,040	459,040	461,040	463,040	477,040	659,040	661,040	663,040	665,040	667,040	5,986,480
営業利益		−81,040	26,960	262,960	260,960	378,960	556,960	782,960	840,960	1,078,960	1,256,960	1,494,960	1,732,960	8,593,520

【図表 49　貿易会社・申請理由書 -1】

○○○○年○月○日

○○出入国在留管理局長　殿

在留資格認定証明書交付申請理由書

氏名：○○○
国籍：中国
生年月日：○○○○年○月○○日

＜申請理由＞

私は中国出身の○○○と申します。履歴書に記載の通り、○○歳の時に来日し○○日本語学校で日本語を勉強し、卒業後は○○○大学に進学し、経済の勉強をしました。卒業後は日本の企業に就職し、退職後日本の大手銀行の中国支店で営業や、企業への融資管理を担当しました。

今回、日本で貿易会社を立ち上げたのは、貿易が現在までの私のキャリアや、語学力を最大限活かせる仕事だと考えたからです。日中両国の素晴らしい製品で文化の交流を図り、地域の経済発展と社会貢献に寄与できるグローバルビジネスを展開していきたいと思っています。

私には日本での長年の学習、生活、労働経験があります。○年に渡る学生経験では日本での生活における人々の考え方や生き方、その後の○○○銀行や○○○銀行での営業や融資管理部ではお金の流れや経済のシステムの知識や経験を得ることができました。今回の貿易事業ではそういった経験を存分に活かしていきたいと思いますし、必ず成功する自信があります。

昨今、中国国内では国産製品に対する不信感から、日本製の商品が爆発的に売れ続けています。高品質で、安全な日本の製品は中国国内で高い人気があります。特に安全性が重視される、乳幼児向け製品や、医療用品、介護用品の人気は殊の外高いのです。元高円安で、価格自体に大きな差がなくなりつつあるなか、日本製品に注目が集まっていくのは当然の流れだとも言えます。日中貿易に取り組もうという私には今が大きな好機だと考えています。

同時に日本国内では、長引く不況や、消費増税の影響もあり、廉価の中国製品の需要があります。私は義烏市の市場から仕入れ、廉価で販売する方法を考えています。工場と直接交渉し、その技術と契約を結ぶことで宮崎商事の名前が入った製品を開発から携わって販売していこうと思っています。取り扱うのは食品ではありませんが、低価格でありながら安全性を重視した、高品質な商品を日本に輸入したいと考えています。

私が行おうとしているのは貿易であり商売ですが、根底には日本と中国とい

【図表 49　貿易会社・申請理由書 -2】

う素晴らしい国の素晴らしいところをそれぞれの国の方に伝えたいという思いがあります。両国で長い期間過ごした私はそれぞれの国に大きな愛情を抱いています。両国の素晴らしい製品にはそれぞれの理念や文化が集約されているのです。私は貿易という事業を国際交流のツールとして使い、日中の人々の物心両面に幸福をもたらすことが出来るような事業を展開していきたいと考えています。

＜「経営・管理」資格の該当性と適合性＞

1、　株式会社○○○は営業所を既に確保しており、会社の規模、申請人が経営をする必要性等、在留資格「経営・管理」にあたって求められる要件を満たしているものと考えます。

2、　申請人の出資額は 500 万円です。会社設立時の資本金 500 万円は申請人が所持していた不動産を売却し捻出したものです。(売却価格は○○○万元、日本円で約○○○○万円になります。参考資料として、当該不動産の売買契約書とその翻訳を添付いたします。)

3、　現在、日本での会社設立のため、○○○、○○○の 2 名が代表取締役に就任していますが、○○○は○○○が渡日後に代表取締役を退任し、非常勤の取締役となります。その後、○○○が代表取締役として会社を運営していきます。

4、　初年度の申請人の役員報酬は月額２０万円です。

以上の諸事情をご高察いただき、申請人である私、○○○の在留資格「経営・管理」の在留資格認定証明書交付申請を認めていただけますよう、何卒宜しくお願い申し上げます。

【図表50　貿易会社・事業計画書 -1】

作成日：〇〇〇〇年〇月〇日

東京出入国在留管理局長　殿

〇〇〇株式会社

事　業　計　画　書

東京都〇〇〇〇・・・・・・・・・・

代表取締役　〇〇〇　　㊞

【図表 50　貿易会社・事業計画書 -2】

事業目的

1．雑貨、日用生活品の輸出入及び販売
2．ホームページの企画制作並びに運営管理
3．古物営業法による古物商
4．飲食店の経営
5．前各号に付帯する一切の業務

代表取締役

○○○　　出資金５００万円

○○○　　出資金５００万円

事務所

東京都○○○・・・・・・・・・・・・・

会社ＨＰ

・○○○株式会社　　www.○○○○.co.jp

事業の進捗

平成○○年○月○日　事務所契約（○○○個人名義）
　　住所：東京都○○○・・・・・
　　賃料：○○万円

平成○○年○月○日　会社設立

平成○○年○月○日　ＨＰ立ち上げ

平成○○年○月○日　事務所名義変更（会社名義へ）

【図表 50　貿易会社・事業計画書 -3】

事業の特色

中国と日本の文化、経済、流通について学び、熟知した代表取締役〇〇〇の経歴や語学力を最大限に活かし、日中間を主とした貿易事業、販売事業を行います。日中両国の製品の特色を活かし、グローバルビジネスをツールとし、日中両国の交流、経済発展、社会貢献を目指しています。

サービス内容

・日本製品の中国への輸出

近年、中国国内には国産製品に対する不信感から、高品質な日本製品の需要が爆発的に高まっています。それを背景に安全、安心が第一に求められる日用品雑貨（紙おむつ、粉ミルク、ベビーローション、ガーゼなどのベビー用品、介護用品、化粧水、乳液をはじめとする化粧品）をメインに中国の卸売業者へ輸出していこうと思っています。

・中国、アジア製品の日本への輸入

中国義烏市の雑貨日用品メーカーへＯＥＭ生産依頼を行い、切手アルバム、コインアルバム、シールアルバムなどのコレクション関連グッズを販売予定。最終的には日曜品雑貨全般を商品開発から携わり、自社ブランドで百円ショップへの進出を目指しています。

・ＥＣサイトを利用しての販売

日本への輸入の展開としましては、ＷＥＢショッピングサイトを立ち上げ、販売事業行う。（本年〇月オープン予定）軌道に乗った段階で、自社ショッピングモールを設立。そこで出品販売を行う予定です。

日本製品の販売について主に DeNA BtoB market（仕入れ、卸売り用ＥＣサイト）で仕入れて、中国の卸売業者へ販売していく予定です。

【図表 50　貿易会社・事業計画書 -4】

輸入品例

・切手アルバム

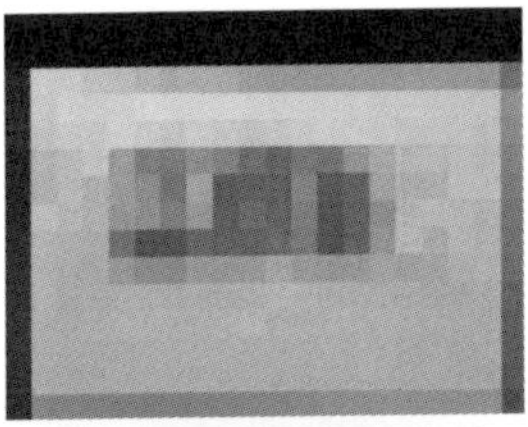

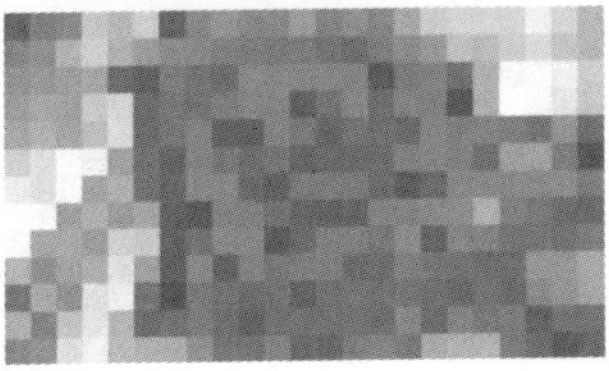

・コインアルバム

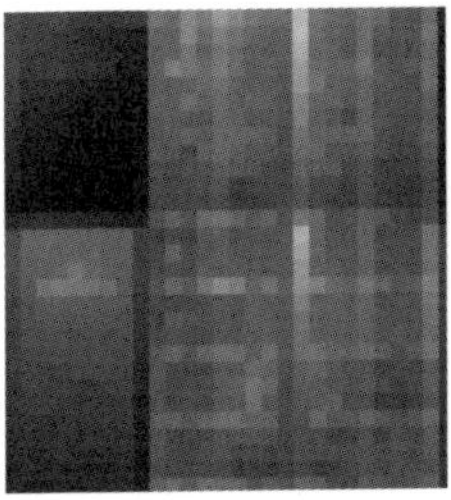

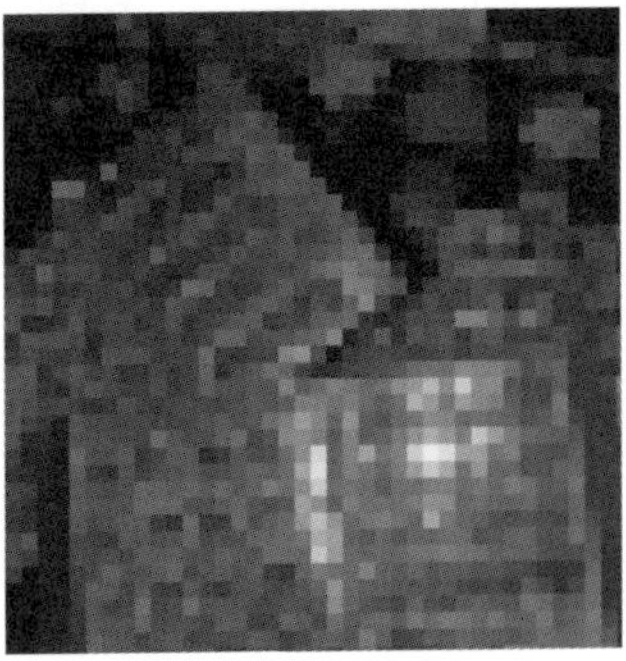

【図表 50　貿易会社・事業計画書 -5】

輸出品例

・紙おむつ

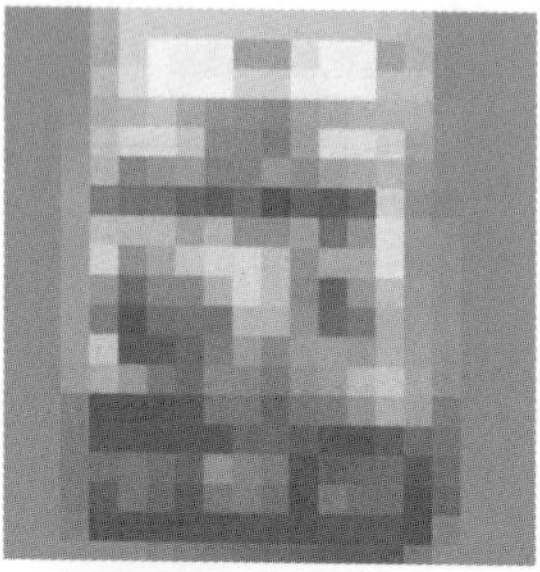
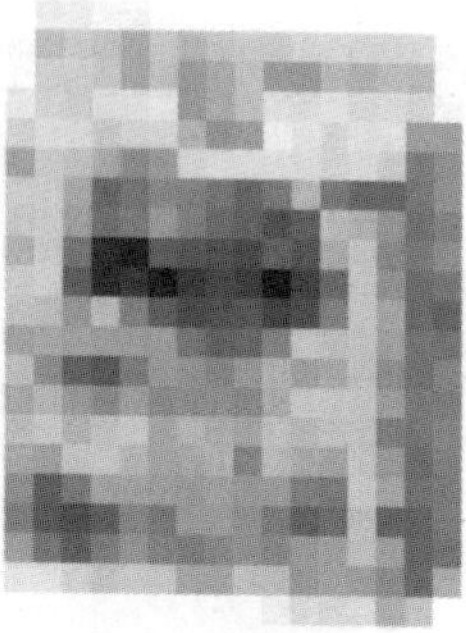

・衛生用品

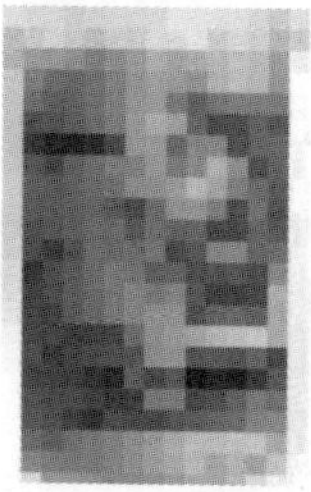

・化粧品

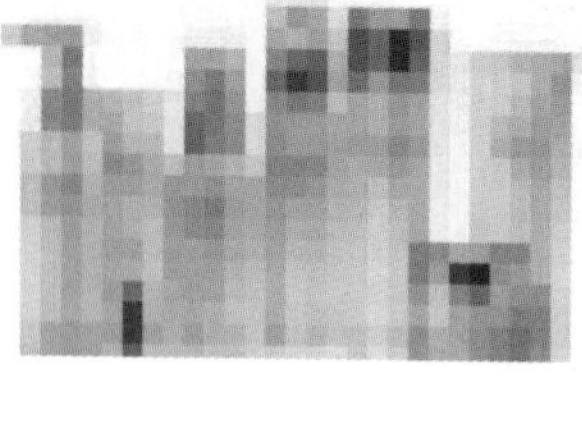
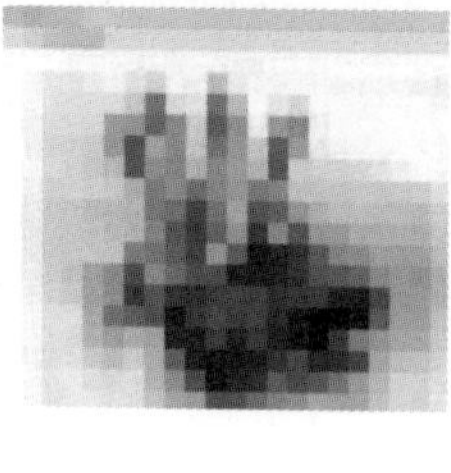

【図表50　貿易会社・事業計画書-6】

販売について

自社オリジナルのネットショップを立ち上げ、販売を行います。ネット広告やSEO対策として関連商品の販売ＨＰからのリンク、さらにＣＭなど商品関連動画をアップし、サイト内を充実させ優良サイト化を図り、検索順位を上げ、顧客増加を狙います。運営が軌道に乗った後は自社でショッピングモールを立ち上げ、販売商品を拡大させていきます。一回の買い物で関連商品が揃うことや、会員登録による割引を強化するなど、顧客の手間を省く良質な事業を展開していきます。

日本での営業拠点は東京都○○○になります。大量販売を予定していますので在庫を抱えるために事務所付近に倉庫を借り、物流の拠点にする予定です。○○市は○○自動車道と○○自動車道の交差する中枢的な地域ですので、関東、北陸、東北へのアクセスが良く、迅速な対応、製品保証、アフターケアを強みにしていこうと考えています。不動産相場としてもそれほど高くないため、新しくビジネスを始めるのに適した地域だと言えます。

人員計画について

開業にあたっては、正社員２名の採用を予定しています。１名はweb担当として主にデザイン、webショップの設計、運営を任せようと思っています。もう１名は営業職として会社内外の業務を任せ、代表取締役○○○が経営を統括するという形態を考えています。それぞれの業務に応じて、web業務のサポートとして1名、事務のサポートとして1～2名のパートあるいはアルバイトの採用を予定しています。

【図表51　貿易会社・損益計算書】

月次損益計画表(年間)

(単位：円)

		開業月	8月	9月	10月	11月	12月	1月	2月	3月	4月	5月	6月	年間合計
売上高		5,000,000	5,000,000	6,000,000	6,000,000	7,000,000	7,000,000	8,000,000	8,000,000	9,000,000	9,000,000	10,000,000	10,000,000	90,000,000
売上原価		3,500,000	3,500,000	4,200,000	4,200,000	4,900,000	4,900,000	5,600,000	5,600,000	6,300,000	6,300,000	7,000,000	7,000,000	63,000,000
売上総利益		1,500,000	1,500,000	1,800,000	1,800,000	2,100,000	2,100,000	2,100,000	2,400,000	2,700,000	2,700,000	3,000,000	3,000,000	26,700,000
経費	人件費	500,000	500,000	500,000	500,000	500,000	500,000	700,000	700,000	700,000	700,000	700,000	700,000	7,200,000
	家賃	60,000	60,000	60,000	60,000	60,000	60,000	60,000	60,000	60,000	60,000	60,000	60,000	720,000
	貸し倉庫代	300,000	300,000	300,000	300,000	300,000	300,000	600,000	600,000	600,000	600,000	600,000	600,000	5,400,000
	水道光熱費	10,000	10,000	10,000	10,000	10,000	10,000	20,000	20,000	20,000	20,000	20,000	20,000	180,000
	広告宣伝費	200,000	200,000	200,000	200,000	200,000	200,000	300,000	300,000	300,000	300,000	300,000	300,000	3,000,000
	消耗品費	20,000	20,000	20,000	20,000	20,000	20,000	40,000	40,000	40,000	40,000	40,000	40,000	360,000
	通信費	30,000	30,000	30,000	30,000	30,000	30,000	30,000	30,000	30,000	30,000	30,000	30,000	360,000
	役員報酬	200,000	200,000	200,000	200,000	200,000	200,000	200,000	200,000	200,000	200,000	200,000	200,000	2,400,000
経費合計		1,320,000	1,320,000	1,320,000	1,320,000	1,320,000	1,320,000	1,950,000	1,950,000	1,950,000	1,950,000	1,950,000	1,950,000	19,620,000
営業利益		180,000	180,000	480,000	480,000	780,000	780,000	150,000	450,000	750,000	750,000	1,050,000	1,050,000	7,080,000

【図表52　飲食店・申請理由書-1】

申請理由書及び会社概要

○○○○年○月○日

○○出入国在留管理局長　殿

氏名：○○○○
国籍：英国（香港）
生年月日：○○○○年○月○日

1. 会社の概要

・商　　　号　　株式会社○○○○
・所　在　地　　東京都渋谷区○○○○
・設立年月日　　平成○○年○月○日
・事業目的
　　1、　飲食店の経営
　　2、　海外食材の輸出入及び販売
　　3、　海外雑貨、民芸品、工芸品及び美術品の輸出入並びに販売
・役員　　代表取締役　○○○○

事業概要

弊社は平成○○年○月○日付けで飲食店の経営を主目的として設立されました。会社が行う事業といたしましては、昼は香港式ミルクティーとスイーツ、夜は香港の酒肴と軽食を提供する飲食店の営業です。

香港式ミルクティーとは、濃い目に淹れたセイロン紅茶にエバミルク（無糖練乳）を加えたミルクティーで、濃く淹れるため、香りが高くとても滑らかで濃厚なものになります。香港では毎年ミルクティーの大会が開催されるほどポピュラーなものです。その他、中国茶や、コーヒー、ディナータイムにはビールやオリジナルカクテルも提供していきます。

食事はランチタイム（客単価1500～2000円）、ティータイムには手作りスイ

【図表 52　飲食店・申請理由書 -2】

ーツお粥、軽食のセットを提供し、ディナータイム（客単価 2500～3000 円）には酒肴や軽食をメインで提供していきます。

お客様に安心して召し上がって頂くために、食材にはこだわり、国産食材を多く使います（主に卵、ミルク製品、肉、お米、野菜など）。海外から仕入れる食材としてはフィリピン産のマンゴー、カナダ産の小麦粉、セイロン産の紅茶、台湾産の中国茶などがあります。

日本にはまだまだ少ない香港テーマのカフェであり、香港独自の食材や軽食を日本の皆様に楽しんでいただけるお店です。その他にも、香港芸術家のアート作品なども展示・販売することで、非日常な空間の中、快適な時間を過ごして頂けます。

また、東京に住んでいる香港人を集める場所というコンセプトもあり、性別、及び国籍を問わず気軽に入りやすいお店です。香港のことを様々な方に知って頂くため、香港の様々な情報を集め、交換できるような場所にもしていきます。

主なターゲットといたしましては、２０代から３０代の旅行好きな方、異文化に興味がある方、スイーツやカフェが好きな若い女性やＯＬ、カップルの客様で、もちろん在日香港人も大きなターゲットにしています。

2. 申請理由

私は大学卒業後、香港の広告代理店に 3 年間勤め、主に営業と新規事業を担当しました。飲食店の新規出店に携わることもあり、その経験の中で、いつかは日本で自分のカフェを開業したいと思いました。そんな中、旅行で日本に来た時に日本の環境とカフェ文化にとても感銘し、自分のカフェを作るなら、日本にしたいと思うようになりました。日本には様々なテーマのカフェがある一方で、香港式のカフェはまだ少ないのです。それは留学で滞在中にも感じました。仲良くなった友達に香港式ミルクティーのことを紹介したくても、実際に案内するお店がないのです。そのため、これから日本で魅力的な香港式のカフェを開業することで、日本の方々に香港の良いところをもっともっと伝えたいと思っています。これが香港スイーツのカフェを始めたい大きな理由です。

私は○○○国で飲食店を経営している親族と相談した上で、○○○○年に来日しました。日本語学校を卒業し、現在開業の準備をしています。

そして、実際に日本において本格的に事業を展開していくためには、経営のノウハウや計画的な事業戦略、営業戦略が必要であり、適切な経営者の迅速な判断や指示が今後の事業の安定性及び継続性に寄与するに違いないと考えます。そのためには、経営者である私がこれまでの知識や経験を遺憾なく発揮し、将

【図表 52　飲食店・申請理由書 -3】

来を視野に入れた判断を下しながら経営に参画することが必要不可欠だと考えています。

以上のような理由及び事情をご理解頂きまして、在留資格「経営・管理」への変更許可を賜りますよう、なにとぞよろしくお願い致します。

「経営・管理」資格の該当性と適合性

1．　弊社が店舗を構える本店事務所（店舗）は経営の拠点として個別に確保したものであり、法務省令が求める事業所をすでに確保し、要件を満たしているものと思慮します。
2．　会社代表以外の人員については、正社員 1 名、アルバイト 3 名を採用予定であり、平成 27 年 12 月頃には、正社員 2 名アルバイト 3 名を採用予定であります。
3．　出資額は○○○○万円で、両親から借りたものになります。

初年度の売上高は○○○○○○○○円（営業開始から 1 年間）と予想しており、当社スタッフと共に全力で業務発展に努力する決意です。

以上のような諸事情をご理解いただき、申請人である私、○○○○の在留資格「経営・管理」への変更をご許可いただきたく、何卒宜しくお願い申し上げます。

【図表53　飲食店・事業計画書 -1】

○○出入国在留管理局長　殿

株式会社○○○○

事　業　計　画　書

東京都渋谷区○○○○○
代表取締役　○○○　㊞

【図表53　飲食店・事業計画書 -2】

<会社概要>

・名称　株式会社○○○○

・目的　飲食店の経営、
食材の輸入、販売
香港民芸小物、芸術作品の輸入、展示、販売

・資本金　１５００万円

<代表取締役>

○○○○

<店舗概要>

事業名　:　香港式カフェ＆バル　○○○○
住　所　:　東京都渋谷区○○○○○
事業内容　:　飲食業
立地特性　:　原宿、表参道に次ぐファッションタウン。住宅地のほか、ブティック、洋菓子店、レストラン、カフェなどの商業施設も多く見られる。最寄り駅の東急東急線○○○（乗降者数○○○○○○人/日）より徒歩○分

<事業の概要>

・ミルクティーの実演がみえる本格的な香港式ミルクティーのカフェ＆バルの営業
・時間帯に合わせた手作りスイーツや軽食、オリジナルカクテルの提供
・「おいしい料理×いい体験」をテーマに、香港独自の雰囲気を感じられる空間の提供。
・外国人と日本人の交流の場

【図表 53　飲食店・事業計画書 -3】

＜香港式ミルクティーとは＞

香港式ミルクティーとは、濃い目に淹れた紅茶に多量のエバミルク（無糖の練乳）を入れて、香りをだすもの。自分で砂糖を入れ好みの甘さに調整する。

茶葉も一種類ではなく、数種の茶葉をブレンドして独特の香りをだす。濃い目に淹れ、高い香りと若干の苦味をだす。飲み終わったカップに乳脂肪が白く残るくらい濃厚にエバミルクを使うためとても滑らかになる、香りの高さとクリーミーさが特徴のミルクティー。

【図表 53　飲食店・事業計画書 -4】

<メニュー例>

香港式ミルクティー（６００円予定）をメインに、ランチタイムはエッグタルトなどのスイーツ、ディナータイムはパテなどの軽食やカクテルなどをセットにして単価の向上を図る。

≪ランチ≫

1. ミルクティー
2. ノンアルコールカクテル
3. 手作りスイーツ（マンゴープリン、エッグタルトなど）
4. お粥
5. 軽食ランチセット

≪ディナー≫

・ミルクティー
・ノンアルコールカクテル
・アルコール各種　　（ビール、カクテルなど）
・軽食
・おつまみ

<顧客ターゲット>

・２０代~30 代の女性
・カップル
・旅行好きな方、カフェ好きな方
・日本に住んでいる香港人

【図表 53　飲食店・事業計画書 -5】

<立地環境について>

・店舗は東京都渋谷区○○○○○におく。最寄り駅の東急東横線、○○○からは約○○○mの距離にあり、徒歩○分。すぐ近くにショッピングモールがある。雑貨屋、洋服屋、飲食店などが散在する地域。渋谷、恵比寿に近いファッションタウンであり駅の乗降者数はここ 3 年間で○倍に伸びている。

<競合優位性について>

○○○駅はスターバックスはありますが基本的に大手チェーンは少なく、小さなカフェが点在していることが特徴の町です。薄利多売で売り上げを上げるカフェより、単価は高くてもゆっくりのんびり時間を過ごしたい人向けのカフェが多いのです。○○○駅のお店に来るお客様の特徴としては、よく○○○に来るという人は少なく、たまに訪れる人か住んでいる人が多いのです。私は香港式ミルクティーをたくさんの人に知ってもらいたいという思いで事業を立ち上げましたので、○○○という場所はとても合っています。

また地価が高いので、基本的には家賃も高めですが、○○○は高所得者に人気のある街で、単価もある程度高めに設定することができます。

【図表53　飲食店・事業計画書 -6】

　そしてもともと多様なカフェがある街ですが、香港式ミルクティーを提供するお店はありません。多種多様なカフェがある街だからこそ、香港式ミルクティーも好意をもって受け入れてもらえるし、新しい発見を求めて○○○を訪れるお客様に喜んでもらえると思っています。

<営業戦略>

・基本的なスイーツのメニューとして、エッグタルト、マンゴープリンをおく。その他に、日替わりスイーツとして、パイナップルパン、クッキー各種を提供。時期に合わせてケーキなども。

・チラシデザインにも香港ミルクティーとスイーツのお店であることを全面的に打ち出し、他のカフェと差別化を図る。

・フリーペーパー、ココカラ、ホットペッパーへの掲載、さらに店舗独自のフリーペーパーを発行し、香港の情報を発信していく。

・近くの雑貨屋、○○○駅東口の店舗（古着屋、食器店）などと連携し、認知度を上げていく。食器店と連携して食器を当店で使ったり、割引クーポンで連携する。

・イベントへの出店の検討、猿楽祭りへの出店、その他イベントスペースやライブハウスにもクーポンを設置してもらえるよう営業をかけ、認知度の向上を狙う。

・香港人アーティストとのコラボ、店内の小物や飾り、テーブルクロスなどにも、季節感や、アーティストの個性を楽しめる空間作り、個展の開催を行う。香港がテーマであれば日本人アーティストも参加できるようにする。

【図表 53　飲食店・事業計画書 -7】

<人員計画>

開業１か月目・・・正社員１名（月給 20 万円）
　　　　　　　　　アルバイト２名（時給 1000 円）
開業２か月目以降・・・売り上げに応じてアルバイトの数を調整（2 名～4 名）

軌道に乗った後・・・　正社員２名（月給 20 万円）
（平成〇〇年〇月頃）　　アルバイト４名程度（時給 1000 円）

<今後の予定>

〇月　店舗の工事。什器など搬入。並行して人材募集を行う予定。仕入れ先の選定。チラシの発注。細かな内装品の調達。メニュー表の作成。チラシの近隣店舗への配布。営業許可取得。その他営業活動。人材を決定（開店までに社員１名、アルバイト２名を予定）、オープンに向けて研修を行う。

〇月末　オープンを予定。1 日 40～50 名の来店を目指す。営業時間は 10：00～23：00(定休日を設けるかは未定)

【図表 54　飲食店・損益計算書】

月次損益計画表(年間)

(単位：円)

		開業月	6月	7月	8月	9月	10月	11月	12月	1月	2月	3月	4月	年間合計
売上高		3,100,000	2,500,000	2,500,000	3,100,000	3,100,000	3,100,000	3,100,000	3,650,000	3,650,000	3,650,000	3,650,000	3,650,000	38,750,000
売上原価		930,000	675,000	697,500	930,000	930,000	930,000	930,000	1,095,000	1,095,000	1,095,000	1,095,000	1,095,000	11,497,500
売上総利益		2,170,000	1,825,000	1,802,500	2,170,000	2,170,000	2,170,000	2,170,000	2,555,000	2,555,000	2,555,000	2,555,000	2,555,000	27,252,500
経費	人件費	433000	415,000	415,000	415,000	415,000	415,000	415,000	550,000	550,000	550,000	550,000	550,000	5,673,000
	家賃	493,095	493,095	493,095	493,095	493,095	493,095	493,095	493,095	493,095	493,095	493,095	493,095	5,917,140
	水道光熱費	155,000	125,000	125,000	155,000	155,000	155,000	155,000	182,500	182,500	182,500	182,500	182,500	1,937,500
	広告宣伝費	150,000	150,000	150,000	150,000	150,000	150,000	150,000	150,000	150,000	150,000	150,000	150,000	1,800,000
	消耗品費	20,000	20,000	20,000	20,000	20,000	20,000	20,000	30,000	30,000	30,000	30,000	30,000	290,000
	通信費	20,000	20,000	20,000	20,000	20,000	20,000	20,000	20,000	20,000	20,000	20,000	20,000	240,000
	役員報酬	200,000	200,000	200,000	200,000	200,000	200,000	200,000	200,000	200,000	200,000	200,000	200,000	2,400,000
経費合計		1,471,095	1,423,095	1,423,095	1,453,095	1,453,095	1,453,095	1,453,095	1,625,595	1,625,595	1,625,595	1,625,595	1,625,595	18,257,640
営業利益		698,905	401,905	379,405	716,905	716,905	716,905	716,905	929,405	929,405	929,405	929,405	929,405	8,994,860

※人件費について、社員一人につき月給20万円、アルバイトは時給1000円で計算

【図表55　宿泊施設・申請理由書 -1】

○○出入国在留管理局長　殿　　　　　　　　　○○○○年○月○日

在留資格認定証明書交付申請理由書【経営管理】

氏名：○○○
国籍：中国
生年月日：○○年○月○日

＜申請理由＞

私は中国出身の○○○と申します。履歴書に記載の通り、中国で○○年の会社経営の経験があり、現在は中国○○○○有限公司の役員であります。私の中国にある会社のパートナーである○○○は日本での永住権を持ち、よく日本のことを紹介し、私は現在まで○回ほど来日したことがありまして、日本に非常にいいイメージを持っております。

日本に来日した時、私は日本の街中で中国人の観光客が溢れていたことに気付きました。日本は中国の隣国であり、また最近円安の影響で、日本に来る中国人の観光客は急増しています。日本の市場調査結果により、去年日本を旅行する中国人が約200～300万人であり、両国の関係が正常化しましたら、日本を旅行する中国人の人数が年に1000～2000人ずつ増加する見込みがあるとわかりました。そして、継続的に2回目や3回目と日本に来る人が25%を占めています。そこで、私はその膨大な消費市場を狙い、日本で中国人観光客向けの旅館を開設したいと思いました。

しかし、ホテルを開設するとしたら莫大な資金と人力が必要です。現実的な条件を考え、観光地で不動産を購入し、ペンションを経営することを決意しました。伊豆は温泉と美しい海があり、観光地として非常に有名です。特に川端康成の名作『伊豆の踊り子』と同名映画は中国でも有名で、伊豆へ行ってみたい中国人観光客は非常に多いです。そのため、私は日本で会社を設立し、伊豆で物件を購入及び旅館業許可を取った上で、経営していきたいです。

【図表 55　宿泊施設・申請理由書 -2】

今回私が日本で起業する際に、パートナーである○○○の協力もあり、私と○○○が発起人となり会社を立ち上げました。団体の観光客を確保するため、現在私は中国にある旅行会社との提携を求め、様々な準備と交渉をしております。１日でも早く事業を軌道に乗せるため一層努力致します。

＜「経営・管理」資格の該当性と適合性＞

１、　合同会社○○○は自宅とは別の場所に営業所を既に確保しており、会社の規模、申請人が経営をする必要性等、在留資格「経営・管理」にあたって求められる要件を満たしているものと思慮いたします。

２、　申請人の出資額は○○○万円です。それは申請人が現在まで働き、貯めたお金です（口座記録を添付しております）。

３、　現在、日本での会社設立のため、○○○、○○○の２名が代表社員に就任していますが、○○○は○○○が渡日後に代表社員を退任し、非常勤の社員となります。その後、○○○が代表社員として会社を運営していきます。

４、　初年度の申請人の役員報酬は月額２０万円です。

以上の諸事情をご高察いただき、申請人である私、○○○の在留資格「経営・管理」の在留資格認定証明書交付申請を認めていただけますよう、何卒宜しくお願い申し上げます。

【図表56　宿泊施設・事業計画書 -1】

作成日：○○○○年○月○日

○○出入国在留管理局長　殿

合同会社○○○○

事　業　計　画　書

住所：静岡県伊東市○○○○○○○○○○○

TEL＆FAX：○○○○－○○－○○○○

代表社員　○○○　　　㊞

【図表56　宿泊施設・事業計画書 -2】

事業目的

1、旅館、ホテル等の宿泊施設の経営
2、食料品、衣料品、日用雑貨品の企画、製造、販売、卸及び輸出入
3、各種市場調査、ﾏｰｹﾃｨﾝｸﾞﾘｻｰﾁの企画、実施、分析及び各種情報の提供
4、前各号に附帯する一切の業務

サービス内容

・ペンション経営事業

日本の観光地である静岡県で不動産を購入し、旅館業の営業許可をとり、日本でペンションを経営する。

所有物件の紹介

住所は静岡県伊東市○○○○○○である。伊豆急行線伊豆○○駅まで車で○分である。近くに温泉や海がある。

【図表56　宿泊施設・事業計画書 -3】

ペンションの見取り図は以下のようになる。２階建ての一軒家で、５つの個室があり、１つの部屋で２人～３人が泊まることができる。

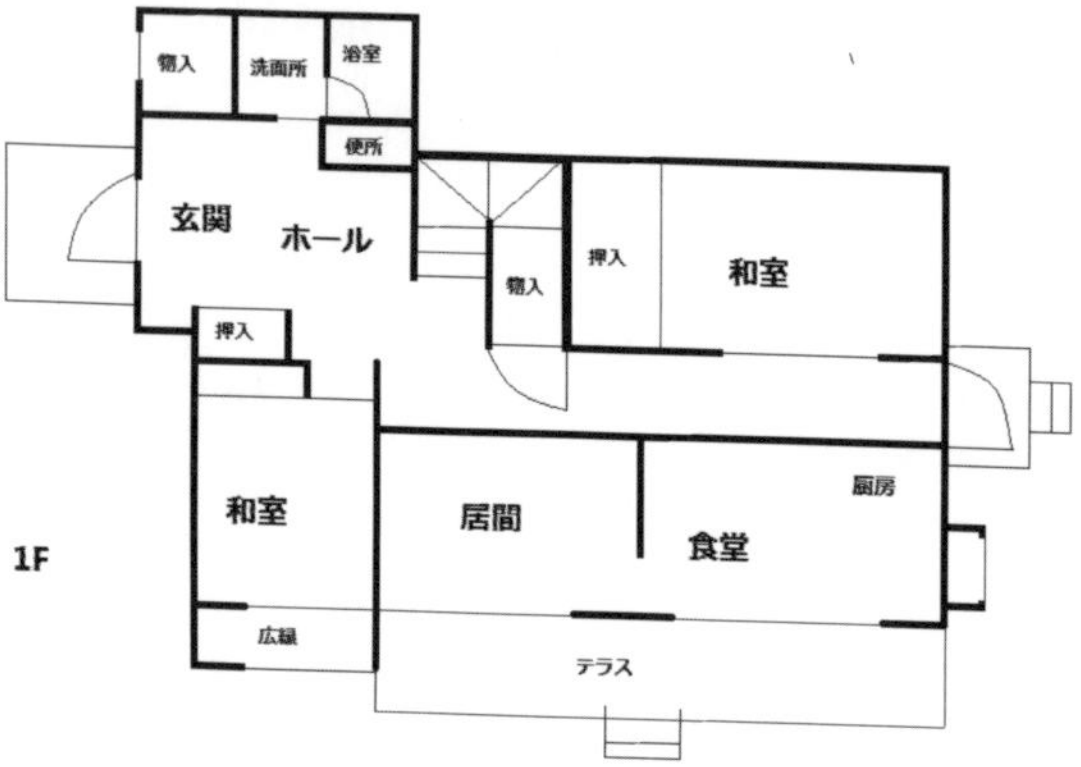

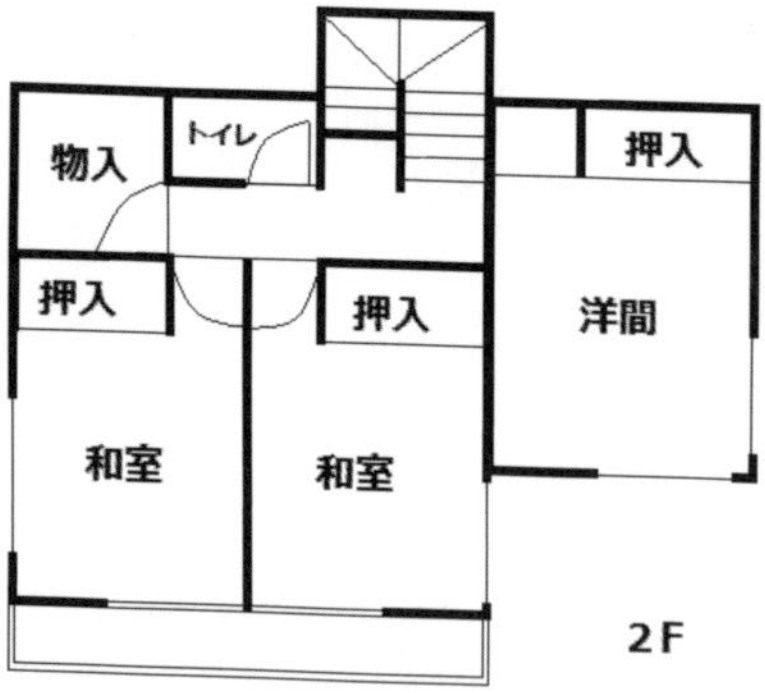

【図表 56　宿泊施設・事業計画書 -4】

また、日当たりの良い庭もある。リフォーム済みで、居心地がいい環境になっている。

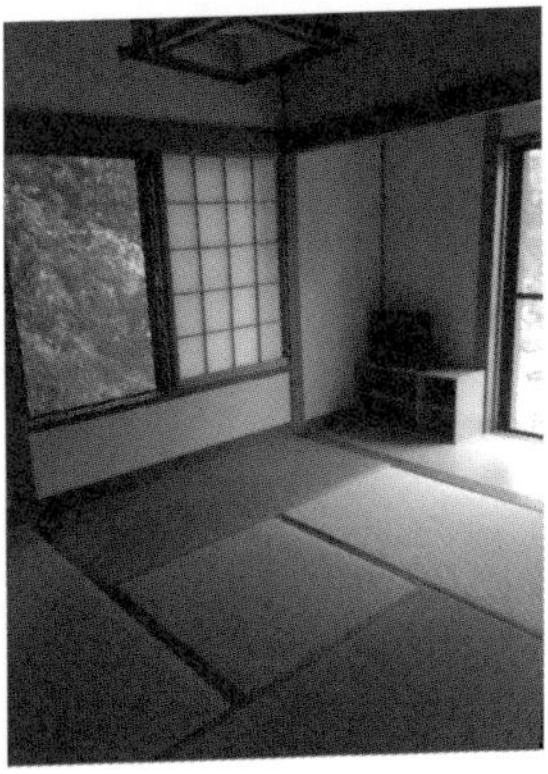

【図表 56　宿泊施設・事業計画書 -5】

また、浴室で温泉の利用もできる。

【図表 56　宿泊施設・事業計画書 -6】

集客方法

主に中国人に向けて営業を展開する。まず個人のお客さんに対し、中国の旅行サイト Qunar.com、kuxun.cn、ctrip などに登録する。下図のような検索機能付きで、登録したホテルや旅館など全部掲載される。

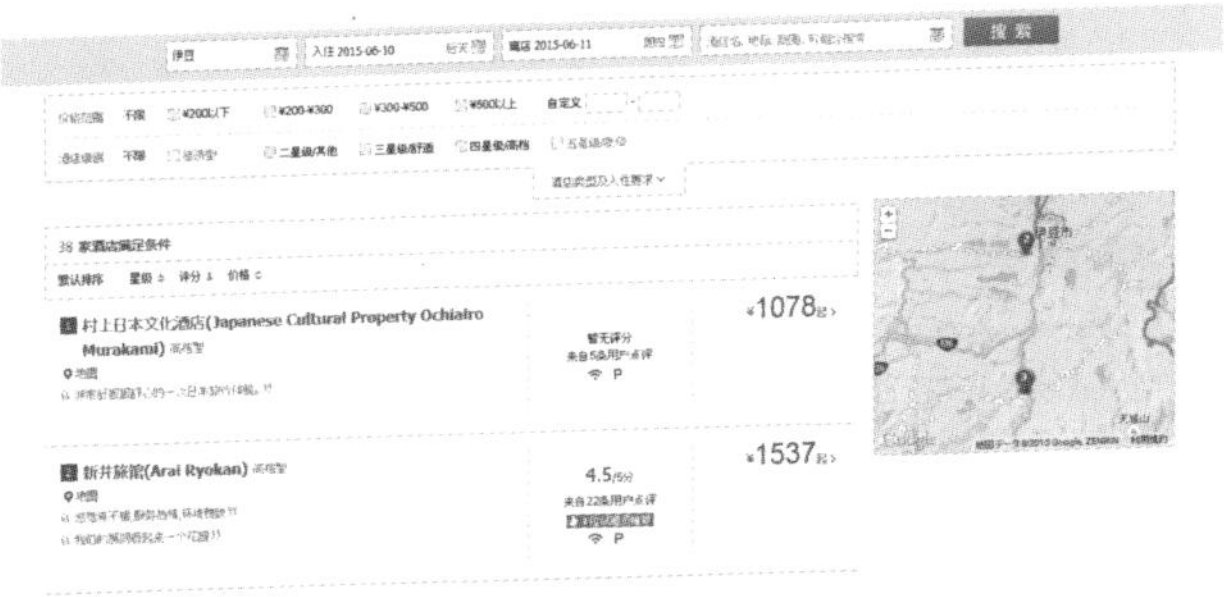

個人で旅行にくるお客さんは日本に来る前に、自分でホテルを予約することになるので、多くの人はこのような旅行サイトを利用して予約している。

一方で、中国にある旅行会社と提携をし、団体のお客さんも集客する予定である。個室５つがあり、１０～２０人程度の観光団体は泊まることができる。

また、日本にいる中国人の情報サイトに掲載し、留学生向けの合宿プランを提供する。

【図表 56　宿泊施設・事業計画書 -7】

特色

　ペンションを購入しており、日本を訪れる中国の観光旅行客が地方へも波及するよう力を入れている。伊豆半島は温暖な気候、温泉、観光名所に恵まれており、富士山、東京都内へのアクセスも非常に良好である。より多くの中国人旅行客に、日本の深い文化、魅力に触れることができる。

　また、お客さんの送迎業務を展開し、近辺の観光地を紹介し、送ってあげる。四季に合わせ、旬の料理を提供する。

　お土産コーナーを作り、日本の浴衣、扇子、お菓子など特色があるお土産を販売する予定である。

　並行して、中国○○省の商務庁、旅行局の支持を得て、○○省の特産品、健康食品輸入販売を行う予定もある。

　また、○○省を中心に、日本企業との交流、技術開発、中国語の通訳翻訳，日中民間交流の架け橋になるよう努力している。

【図表 56　宿泊施設・事業計画書 -8】

料金とサービス

1人一泊二食	全館貸切一泊二食	送迎料金
¥15,000	¥220,000	¥5,000

事業の進捗

○○○○年○月○日　合同会社○○○○設立
資本金○○○万円

○○○○年○月○日　物件購入（静岡県伊東市○○○○○○○○○○）

○○○○年○月○日　東京都目黒区○○○○○○から静岡県伊東市○○○○に本店移転

○○○○年○月○日　税務署関係書類届出

○○○○年○月○日　旅館業許可申請

○○○○年○月○日　旅館業許可を取得

○○○○年○月○日　営業開始

スタッフ構成

現在の人員

○○○○年○月○日現在
代表社員：○○○（○○万円出資）、○○○（○○○万円出資） 担当：会社代表

今後の人員計画

現在は代表者２人の会社だが、○○○が来日したら、一人で代表社員になる。○○○の主な業務は中国の取引先との連絡と受け付になる。その他に、部屋清掃一人（アルバイト）、運転手一人（アルバイト）、コック一人で４人の会社にする予定である。

【図表 57　宿泊施設・損益計算書】

月次損益計画表(年間)

(単位:円)

		開業月	10月	11月	12月	1月	2月	3月	4月	5月	6月	7月	8月	年間合計
売上高		600,000	900,000	1,100,000	1,500,000	1,500,000	1,800,000	2,300,000	2,700,000	2,000,000	2,300,000	2,500,000	2,700,000	21,900,000
売上原価		180,000	270,000	330,000	450,000	450,000	540,000	690,000	810,000	600,000	690,000	750,000	810,000	6,570,000
売上総利益		420,000	630,000	770,000	1,050,000	1,050,000	1,260,000	1,610,000	1,890,000	1,400,000	1,610,000	1,750,000	1,890,000	15,330,000
経費	人件費	344000	344000	344000	344000	344000	440000	440000	440000	440000	440000	440000	440000	4,800,000
	家賃	0	0	0	0	0	0	0	0	0	0	0	0	0
	水道光熱費	200,000	200,000	200,000	200,000	200,000	200,000	200,000	200,000	200,000	200,000	200,000	200,000	2,400,000
	広告宣伝費	0	10,000	12,000	12,000	12,000	12,000	24,000	24,000	24,000	24,000	24,000	24,000	202,000
	消耗品費	10,000	10,000	30,000	30,000	50,000	50,000	50,000	100,000	100,000	100,000	100,000	130,000	760,000
	通信費	10,000	10,000	10,000	10,000	10,000	10,000	10,000	10,000	10,000	10,000	10,000	10,000	120,000
	役員報酬	200,000	200,000	200,000	200,000	200,000	200,000	200,000	200,000	200,000	200,000	200,000	200,000	2,400,000
費合計		764,000	774,000	796,000	796,000	816,000	912,000	924,000	974,000	974,000	974,000	974,000	1,004,000	10,682,000
営業利益		−344,000	−144,000	−26,000	254,000	234,000	348,000	686,000	916,000	426,000	636,000	776,000	886,000	4,648,000

【図表58　ＩＴ会社・申請理由書 -1】

〇〇〇〇年〇月〇〇日

〇〇出入国在留管理局長　殿

在留資格変更許可申請理由書

氏名：〇〇〇

国籍：中国

生年月日：〇〇〇〇年〇月〇日

私は中国人の〇〇〇と申します。履歴書記載の通り、中国〇〇省出身で〇〇〇〇学院コンピューター科学と技術学部を卒業後、〇〇〇〇年に日本に来日いたしました。日本でエンジニアとして働いた経験と、中国で学んだ IT 技術(コンピューター科学と技術学部)の知識を最大限に活かせると思い〇〇〇〇年〇月に株式会社〇〇〇を設立いたしました。

コンピューター技術というのは日々進化し発展を遂げ変化していきます。さらに現在では仕事上でパソコンをツールとして使用していない割合のほうが圧倒的に少ない時代になりました。しかし、ＩＴ事業はインフラと化し、必要不可欠なものになっているにも関わらず、うまく扱えていない企業や個人が多いことに気づき、私が今まで培ってきた知識と経験をより活かすことができるのではないかと思い、株式会社〇〇〇を立ち上げ、事業を始めることにいたしました。

また、日本のものづくりの技術というのは世界に誇れる技術であると思っております。その技術で作られた日本製の商品を、もっと世界に紹介していきたいという気持ちもありますので、海外の法人や個人事業主を相手に卸売をする輸出入貿易事業をおこなうことも考えております。

中国で有名な貿易サイト（アリババドットコム）や日本貿易振興企業（ジェトロ）等に登録をしていく予定で、そのサイトを通じて質の高い日本製品を世界に紹介していきたいと思っております。

その上、私自身３ヶ国語（中国語、日本語、韓国語）を話すことができますので、その強みを活かしていき、今後海外に進出していきたい企業などの支援もできればと思っております。

当面は私１人の会社ですが、業績が上がり次第日本人従業員を２人ほど雇用する予定です。１日でも早く事業を軌道に乗せるため一層努力致します。

【図表58　ＩＴ会社・申請理由書 -2】

「経営・管理」資格の該当性と適合性

1、　申請会社の本店事務所は申請人自宅とは異なる場所に設けて確保してあり、法務省令が求める営業所を既に確保して要件を満たしているものと思料致します。

2、　申請人の出資額は500万円です。○○○○年から通算５年間日本で働かせて　いただきまして、前年の年収は500万以上でした。（課税・納税証明書参照）　出資金の500万円は社員として働かせていただいた期間で貯めました。

3、　初年度の申請人の役員報酬は月額２０万円です。

以上の諸事情をご理解いただき、申請人である私、○○○の在留資格「経営・管理」の在留資格変更許可申請を認めていただきたく、何卒宜しくお願い申し上げます。

【図表59　ＩＴ会社・事業計画書-1】

作成日：○○○○年○月○日

○○出入国在留管理局長　殿

株式会社○○○

事　業　計　画　書

埼玉県〜〜〜〜〜〜〜〜〜〜〜〜〜〜〜〜〜〜〜〜〜
TEL :　　-　-　　　　FAX :　　-　-
Email :　　　　　@com

代表取締役　○○○　㊞

【図表 59　ＩＴ会社・事業計画書 -2】

事業目的

1．コンピューターソフトウェアの企画、設計、開発、及び販売、保守並びに顧客へのサポート業務
2．ウェブサイトの企画、設計、開発、運営及び販売業務
3．インターネット等のネットワークシステムを利用した通信販売業務
4．インターネットに関する総合コンサルティング業務
5．通信・情報処理機器の開発、製造、及び販売・輸出入業務
6．衣料品、衣料雑貨品、日用雑貨品の販売並びに輸出入業務
7．インテリア資材及び室内装飾品の販売並びに輸出入業務
8．前各号に付帯する一切の業務

事業を始める動機

ＩＴ技術はいまや特定の企業や人の為のものではなく、あらゆる社会生活の場面で必要になっています。誰でもが気軽に使用できるようになっている反面、情報が多すぎて、自分自身が必要とする技術が何かわからなくなっている人が増えております。その人たちを対象に、IT 化のメリットを最大限享受していただけるような企画提案を行い、ソリューションを提供することによって、地域の活性化、地元企業の競争力強化に貢献したいと考えております。

【会社ホームページアドレス】
http://www.○○○○.com

サービス内容

・IT ソリューション事業

システムインテグレーターとして、主に多言語（日本語、中国語、韓国語、英語）によるホームページ制作、SEO 対策、EC サイト構築、WEB システム開発をする。また、上海事務所を設けて BSE としての役割も担い、中国のオフショア開発チームによる低価格及び高品質のシステムを提供する。

【図表 59　ＩＴ会社・事業計画書 -3】

用語説明

・ＥＣサイト　：ＥＣサイトとは、自社の商品やサービスを、インターネット上に置いた独自運営のウェブサイトで販売するサイトのことである。ＥＣとはElectronic Commerce（エレクトロニック　コマース＝電子商取引）の略である。

・BSE　：BSE とは、システム開発やソフトウェア開発を人件費の安い国の企業や事業所に発注するオフショア開発において、現地の受注側チーム内と日本側との橋渡し役を務めるシステムエンジニアのことで、Bridge System Engineer（ブリッジ　システム　エンジニア）の略である。

・オフショア開発　：オフショア開発とはシステム開発・運用管理などを海外の事業者や海外子会社に委託することである。

集客方法

WEB 広告や SEO 対策を積極的に行い、ホームページアクセス数を増やす。法人の顧客に対してはホームページから電話もしくはメールを受けた後、ヒアリングし、見積もり等を提示する。個人の顧客に対しては、あらかじめホームページ上に値段を提示しておく予定である。また、見込み客に対しテレアポによる営業もあわせて行う。

上海事務所

住所：上海市～～～～～～～～～～～～
電話番号：～～～～～～～～～～～～

【図表59　ＩＴ会社・事業計画書 -4】

事業の進捗

平成２６年4月１４日　　株式会社○○○設立
資本金500万円

平成○○年○月○日　　上海事務所開設

平成○○年○月○日　　税務署関係書類届出

スタッフ構成

現在の人員

○○○○年○月○日現在
代表取締役：○○○（５００万円出資、創業者） 担当：会社代表

今後の人員計画

現在は代表者１人の会社だが、今後日本人の従業員２人を雇い、私は中国の会社との連絡業務と代表業務、WEB 担当の従業員１人と事務担当の従業員１人、計３人で運営していきたいと考えている。

【図表60　ＩＴ会社・損益計算書】

月次損益計画表(年間)

(単位：円)

		開業月	7月	8月	9月	10月	11月	12月	1月	2月	3月	4月	5月	年間合計
売上高		300,000	500,000	700,000	900,000	1,100,000	1,400,000	1,700,000	2,000,000	2,300,000	2,600,000	3,000,000	3,400,000	19,900,000
売上原価		80,000	160,000	240,000	320,000	400,000	560,000	640,000	720,000	880,000	960,000	1,120,000	1,280,000	7,360,000
売上総利益		220,000	340,000	460,000	580,000	700,000	840,000	1,060,000	1,280,000	1,420,000	1,640,000	1,880,000	2,120,000	12,540,000
経費	人件費	0	0	0	0	180,000	180,000	180,000	180,000	360,000	360,000	360,000	360,000	2,160,000
	家賃	44,000	44,000	44,000	44,000	44,000	44,000	44,000	44,000	44,000	44,000	44,000	44,000	528,000
	水道光熱費	20,000	20,000	20,000	20,000	20,000	20,000	25,000	25,000	25,000	30,000	30,000	30,000	285,000
	広告宣伝費	20,000	24,000	28,000	32,000	36,000	40,000	44,000	48,000	52,000	56,000	60,000	64,000	504,000
	消耗品費	20,000	22,000	24,000	26,000	28,000	30,000	32,000	34,000	36,000	38,000	40,000	42,000	372,000
	通信費	20,000	20,000	20,000	20,000	20,000	20,000	25,000	25,000	25,000	30,000	30,000	30,000	285,000
	役員報酬	200,000	200,000	200,000	200,000	200,000	200,000	200,000	200,000	200,000	200,000	200,000	200,000	2,400,000
経費合計		324,000	330,000	336,000	342,000	528,000	534,000	550,000	556,000	742,000	758,000	764,000	770,000	6,534,000
営業利益		−104,000	10,000	124,000	238,000	172,000	306,000	510,000	724,000	678,000	882,000	1,116,000	1,350,000	6,006,000

5　申請書サンプル

・在留資格認定証明書交付申請書【経営管理】（図表61）

【図表 61 在留資格認定証明書交付申請書（経営管理）-1】

別記第六号の三様式（第六条の二関係）
申請人等作成用 1
For applicant, part 1

日本国政府法務省
Ministry of Justice, Government of Japan

在留資格認定証明書交付申請書
APPLICATION FOR CERTIFICATE OF ELIGIBILITY

写真 Photo 40mm × 30mm

法務大臣殿
To the Minister of Justice

出入国管理及び難民認定法第7条の2の規定に基づき，次のとおり同法第7条第1項第2号に掲げる条件に適合している旨の証明書の交付を申請します。
Pursuant to the provisions of Article 7-2 of the Immigration Control and Refugee Recognition Act, I hereby apply for the certificate showing eligibility for the conditions provided for in 7, Paragraph 1, Item 2 of the said Act.

1 国籍・地域 Nationality/Region ＿＿＿＿　2 生年月日 Date of birth ＿＿ 年 Year ＿＿ 月 Month ＿＿ 日 Day

3 氏名 Name ＿＿ Family name ＿＿ Given name

4 性別 Sex 男・女 Male / Female　5 出生地 Place of birth ＿＿＿＿　6 配偶者の有無 Marital status 有・無 Married / Single

7 職業 Occupation ＿＿＿＿　8 本国における居住地 Home town/city ＿＿＿＿

9 日本における連絡先 Address in Japan ＿＿＿＿

電話番号 Telephone No. ＿＿＿＿　携帯電話番号 Cellular phone No. ＿＿＿＿

10 旅券 Passport (1)番号 Number ＿＿＿＿　(2)有効期限 Date of expiration ＿＿ 年 Year ＿＿ 月 Month ＿＿ 日 Day

11 入国目的（次のいずれか該当するものを選んでください。）Purpose of entry: check one of the followings

□ I「教授」"Professor"　□ I「教育」"Instructor"　□ J「芸術」"Artist"　□ J「文化活動」"Cultural Activities"　□ K「宗教」"Religious Activities"　□ L「報道」"Journalist"

□ L「企業内転勤」"Intra-company Transferee"　□ L「研究(転勤)」"Researcher (Transferee)"　□ M「経営・管理」"Business Manager"　□ N「研究」"Researcher"　□ N「技術・人文知識・国際業務」"Engineer / Specialist in Humanities / International Services"

□ N「介護」"Nursing Care"　□ N「技能」"Skilled Labor"　□ N「特定活動(研究活動等)」"Designated Activities (Researcher or IT engineer of a designated org)"　□ N「特定活動(本邦大学卒業者)」"Designated Activities (Graduate from a university in Japan)"

□ V「特定技能(1号)」"Specified Skilled Worker (i)"　□ V「特定技能(2号)」"Specified Skilled Worker (ii)"　□ O「興行」"Entertainer"　□ P「留学」"Student"　□ Q「研修」"Trainee"

□ Y「技能実習(1号)」"Technical Intern Training (i)"　□ Y「技能実習(2号)」"Technical Intern Training (ii)"　□ Y「技能実習(3号)」"Technical Intern Training (iii)"　□ R「家族滞在」"Dependent"

□ R「特定活動(研究活動等家族)」"Designated Activities (Dependent of Researcher or IT engineer of a designated org)"　□ R「特定活動(EPA家族)」"Designated Activities (Dependent of EPA)"　□ R「特定活動(本邦大卒者家族)」"Designated Activities (Dependent of Graduate from a university in Japan)"

□ T「日本人の配偶者等」"Spouse or Child of Japanese National"　□ T「永住者の配偶者等」"Spouse or Child of Permanent Resident"　□ T「定住者」"Long Term Resident"

□「高度専門職(1号イ)」"Highly Skilled Professional(i)(a)"　□「高度専門職(1号ロ)」"Highly Skilled Professional(i)(b)"　□「高度専門職(1号ハ)」"Highly Skilled Professional(i)(c)"　□ U「その他」Others

12 入国予定年月日 Date of entry ＿＿ 年 Year ＿＿ 月 Month ＿＿ 日 Day　13 上陸予定港 Port of entry ＿＿＿＿

14 滞在予定期間 Intended length of stay ＿＿＿＿　15 同伴者の有無 Accompanying persons, if any 有・無 Yes / No

16 査証申請予定地 Intended place to apply for visa ＿＿＿＿

17 過去の出入国歴 Past entry into / departure from Japan 有・無 Yes / No
（上記で『有』を選択した場合）(Fill in the followings when the answer is "Yes")
回数 ＿＿ 回 time(s)　直近の出入国歴 The latest entry from ＿＿ 年 Year ＿＿ 月 Month ＿＿ 日 Day から to ＿＿ 年 Year ＿＿ 月 Month ＿＿ 日 Day

18 犯罪を理由とする処分を受けたことの有無（日本国外におけるものを含む。）Criminal record (in Japan / overseas)
有（具体的内容 Yes (Detail: ＿＿＿＿ ）・無) / No

19 退去強制又は出国命令による出国の有無 有・無 Departure by deportation /departure order Yes / No
（上記で『有』を選択した場合）(Fill in the followings when the answer is "Yes")
回数 ＿＿ 回 time(s)　直近の送還歴 The latest departure by deportation ＿＿ 年 Year ＿＿ 月 Month ＿＿ 日 Day

20 在日親族（父・母・配偶者・子・兄弟姉妹など）及び同居者
Family in Japan (Father, Mother, Spouse, Son, Daughter, Brother, Sister or others) or co-residents
有（「有」の場合は，以下の欄に在日親族及び同居者を記入してください。）・無
Yes (If yes, please fill in your family members in Japan and co-residents in the following columns) / No

続柄 Relationship	氏名 Name	生年月日 Date of birth	国籍・地域 Nationality/Region	同居予定の有無 Intended to reside with applicant or not	勤務先名称・通学先名称 Place of employment/school	在留カード番号 特別永住者証明書番号 Residence card number Special Permanent Resident Certificate number
				有・無 Yes / No		
				有・無 Yes / No		
				有・無 Yes / No		
				有・無 Yes / No		
				有・無 Yes / No		

※ 3について，有効な旅券を所持する場合は，旅券の身分事項ページのとおりに記載してください。
Regarding item 3, if you possess your valid passport, please fill in your name as shown in the passport.
20については，記載欄が不足する場合は別紙に記入して添付すること。なお，「研修」，「技能実習」に係る申請の場合は，「在日親族」のみ記載してください。
Regarding item 20, if there is not enough space in the given columns to write in all of your family in Japan, fill in and attach a separate sheet.
In addition, take note that you are only required to fill in your family members in Japan for applications pertaining to "Trainee" or "Technical Intern Training".

（注）裏面参照の上，申請に必要な書類を作成して下さい。 Note : Please fill in forms required for application. (See notes on reverse side.)

【図表 61　在留資格認定証明書交付申請書（経営管理）-2】

申請人等作成用 2　M（「高度専門職（1号ハ）」・「経営・管理」）　在留資格認定証明書用
For applicant, part 2 M ("Highly Skilled Professional(i)(c)" / "Business Manager")　For certificate of eligibility

21 勤務先 Place of employment
※ (2)及び(3)については，主たる勤務場所の所在地及び電話番号を記載すること。
For sub-items (2) and (3), give the address and telephone number of your principal place of employment.
(1)名称 Name ＿＿＿＿＿＿　支店・事業所名 Name of branch ＿＿＿＿＿＿
(2)所在地 Address ＿＿＿＿＿＿　(3)電話番号 Telephone No. ＿＿＿＿＿＿

22 最終学歴 Education (last school or institution)
□ 大学院（博士） Doctor　□ 大学院（修士） Master　□ 大学 Bachelor　□ 短期大学 Junior college　□ 専門学校 College of technology
□ 高等学校 High school　□ 中学校 Junior high school　□ その他（　　） Others
(1)学校名 Name of school ＿＿＿＿＿＿　(2)卒業年月日 Date of graduation ＿＿ 年 Year ＿＿ 月 Month ＿＿ 日 Day

23 専攻・専門分野 Major field of study
(22で大学院（博士）～短期大学の場合) (Check one of the followings when the answer to the question 22 is from doctor to junior college)
□ 法学 Law　□ 経済学 Economics　□ 政治学 Politics　□ 商学 Commercial science　□ 経営学 Business administration　□ 文学 Literature
□ 語学 Linguistics　□ 社会学 Sociology　□ 歴史学 History　□ 心理学 Psychology　□ 教育学 Education　□ 芸術学 Science of art
□ その他人文・社会科学（　　） Others(cultural / social science)　□ 理学 Science　□ 化学 Chemistry　□ 工学 Engineering
□ 農学 Agriculture　□ 水産学 Fisheries　□ 薬学 Pharmacy　□ 医学 Medicine　□ 歯学 Dentistry
□ その他自然科学（　　） Others(natural science)　□ 体育学 Sports science　□ その他（　　） Others
(22で専門学校の場合) (Check one of the followings when the answer to the question 22 is college of technology)
□ 工業 Engineering　□ 農業 Agriculture　□ 医療・衛生 Medical services / Hygienics　□ 教育・社会福祉 Education / Social welfare　□ 法律 Law
□ 商業実務 Practical commercial business　□ 服飾・家政 Dress design / Home economics　□ 文化・教養 Culture / Education　□ その他（　　） Others

24 事業の経営又は管理についての実務経験年数 Experiences of operating or managing the business ＿＿＿＿ 年 Year(s)

25 職歴 Employment history

入社 Date of joining the company 年 Year	入社 月 Month	退社 Date of leaving the company 年 Year	退社 月 Month	勤務先名称 Place of employment	入社 Date of joining the company 年 Year	入社 月 Month	退社 Date of leaving the company 年 Year	退社 月 Month	勤務先名称 Place of employment

26 申請人，法定代理人，法第7条の2第2項に規定する代理人
Applicant, legal representative or the authorized representative, prescribed in Paragraph 2 of Article 7-2.
(1)氏　名 Name ＿＿＿＿＿＿　(2)本人との関係 Relationship with the applicant ＿＿＿＿＿＿
(3)住　所 Address ＿＿＿＿＿＿
電話番号 Telephone No. ＿＿＿＿＿＿　携帯電話番号 Cellular Phone No. ＿＿＿＿＿＿

以上の記載内容は事実と相違ありません。 I hereby declare that the statement given above is true and correct.
申請人（代理人）の署名／申請書作成年月日 Signature of the applicant (representative) / Date of filling in this form
年 Year　月 Month　日 Day

注　意 申請書作成後申請までに記載内容に変更が生じた場合，申請人（代理人）が変更箇所を訂正し，署名すること。
Attention In cases where descriptions have changed after filling in this application form up until submission of this application, the applicant (representative) must correct the part concerned and sign their name.

※ 取次者 Agent or other authorized person
(1)氏　名 Name ＿＿＿＿＿＿　(2)住　所 Address ＿＿＿＿＿＿
(3)所属機関等 Organization to which the agent belongs ＿＿＿＿＿＿　電話番号 Telephone No. ＿＿＿＿＿＿

【図表61　在留資格認定証明書交付申請書（経営管理）-3】

所属機関等作成用 1　M（「高度専門職（1号ハ）」・「経営・管理」）　　在留資格認定証明書用
For organization, part 1 M ("Highly Skilled Professional(i)(c)" / "Business Manager")　　For certificate of eligibility

1 経営を行い又は管理に従事する外国人の氏名
Name of foreign national who is to engage in management of business.

2 勤務先　Place of employment

※(5)及び(10)については，主たる勤務場所について記載すること。 For sub-items (5) and (10) give the address and telephone number of employees of your principal place of employment.
※非営利法人の場合は(6)〜(9)の記載は不要。 In cases of a nonprofit corporation, you are not required to fill in sub-items (6) to (9).

(1)名称 Name　　(2)法人番号(13桁) Corporation no. (combination of 13 numbers and letters)

(3)支店・事業所名 Name of branch

(4)事業内容 Type of business
○主たる事業内容を以下から選択して番号を記入(1つのみ)
Select the main business type from below and write the corresponding number (select only one)

○他に事業内容があれば以下から選択して番号を記入(複数選択可)
If there are other business types, select from below and write the corresponding number (multiple answers possible)

製造業 Manufacturing【 ①食料品 Food products　②繊維工業 Textile industry　③プラスチック製品 Plastic products　④金属製品 Metal products
⑤生産用機械器具 Industrial machinery and equipment　⑥電気機械器具 Electrical machinery and equipment　⑦輸送用機械器具 Transportationmachinery and equipment　⑧その他（　　）Others】

卸売業 Wholesale【 ⑨各種商品(総合商社等) Various products (general trading company, etc.)　⑩繊維・衣服等 Textile, clothing, etc.　⑪飲食料品 Food and beverages
⑫建築材料，鉱物・金属材料等 Building materials, mineral and metal materials etc.　⑬機械器具 Machinery and equipment　⑭その他（　　）Others】

小売業 Retail【 ⑮各種商品 Various products　⑯織物・衣服・身の回り品 Fabric, clothing, personal belongings
⑰飲食料品(コンビニエンスストア等) Food and beverages (convenience store, etc.)　⑱機械器具小売業 Machinery and equipment retailing　⑲その他（　　）Others】

学術研究，専門・技術サービス業　Academic research, specialized / technical services
【 ⑳学術・開発研究機関 Academic research, specialized / technical service industry　㉑専門サービス業(他に分類されないもの) Specialized service industry (not categorized elsewhere)
㉒広告業 Advertising industry　㉓技術サービス業(他に分類されないもの) Technical service industry (not categorized elsewhere)】

医療・福祉業 Medical / welfare services【 ㉔医療業 Medical industry　㉕保健衛生 Health and hygiene　㉖社会保険・社会福祉・介護事業 Social insurance / social welfare / nursing care】

㉗農林業 Agriculture　㉘漁業 Fishery　㉙鉱業，採石業，砂利採取業 Mining, quarrying, gravel extraction　㉚建設業 Construction　㉛電気・ガス・熱供給・水道業 Electricity, gas, heat supply, water supply

㉜情報通信業 Information and communication industry　㉝運輸・信書便事業 Transportation and correspondence　㉞金融・保険業 Finance / insurance　㉟不動産・物品賃貸業 Real estate / rental goods

㊱宿泊業 Accommodation　㊲飲食サービス業 Food and beverage service industry　㊳生活関連サービス(理容・美容等)・娯楽業 Lifestyle-related services (barber / beauty, etc.) / entertainment industry

㊴学校教育 School education　㊵その他の教育，学習支援業 Other education, learning support industry　㊶職業紹介・労働者派遣業 Employment placement / worker dispatch industry

㊷複合サービス事業(郵便局，農林水産業協同組合，事業協同組合(他に分類されないもの))
Combined services (post office, agriculture, forestry and fisheries cooperative association, business cooperative (not categorized elsewhere))

㊸その他の事業サービス業(速記・ワープロ入力・複写業，建物サービス業，警備業等)
Other business services (shorthand / word processing / copying, building services, security business, etc.)

㊹その他のサービス業（　　）Other service industries　㊺宗教 Religion　㊻公務(他に分類されないもの) Public service (not categorized elsewhere)

㊼分類不能の産業（　　）
Unclassifiable industry

【図表 61　在留資格認定証明書交付申請書（経営管理）-4】

所属機関等作成用 2　M（「高度専門職（1号ハ）」・「経営・管理」）　在留資格認定証明書用
For organization, part 2 M ("Highly Skilled Professional(i)(c)" / "Business Manager")　For certificate of eligibility

(5)所在地
Address ______
電話番号
Telephone No. ______

(6)資本金 Capital ______ 円
(7)年間売上高（直近年度） Annual sales (latest year) ______ 円

(8)法人税納付額 Amount of corporate income tax ______ 円
(9)申請人の投資額 Amount of applicant's investment ______ 円
（申請人が経営を開始する場合にのみ記載）(To be filled in only, if the applicant is to commence management of business)

(10)常勤従業員数 Number of full-time employees ______ 名
（うち日本人，特別永住者又は「永住者」，「日本人の配偶者等」，「永住者の配偶者等」若しくは「定住者」の在留資格を有する者）
(Number of Japanese, Special Permanent Resident or foreign nationals who have the status of residence "Permanent Resident", "Spouse or Child of Japanese National", "Spouse or Child of Permanent Resident" and "Long Term Resident" among all full-time employees.) ______ 名

3 活動内容 Type of work
□ 経営（例：企業の社長，取締役） Executive (ex. President, director of a company)
□ 管理（例：企業の部長） Manager (ex. Division head of a company)

4 就労予定期間 Period of work ______ 年 Year ______ 月 Month
（申請人が管理者の場合にのみ記載） (Only fill in this section if the applicant is an administrator)

5 給与・報酬（税引き前の支払額） Salary/Reward (amount of payment before taxes) ______ 円 Yen（□ 年額 Annual □ 月額 Monthly）

6 職務上の地位（役職名） Position(Title) ______

7 事業所の状況 Office
(1)面積 Area ______ ㎡
(2)保有の形態 Type of possession　□ 保有 Ownership　□ 賃貸（家賃／月） Lease (rent / month) ______ 円 Yen

以上の記載内容は事実と相違ありません。 I hereby declare that the statement given above is true and correct.
勤務先又は所属機関名，代表者氏名の記名及び押印／申請書作成年月日
Name of the organization and representative, and official seal of the organization ／ Date of filling in this form
印 Seal　年 Year　月 Month　日 Day

注意 Attention
申請書作成後申請までに記載内容に変更が生じた場合，所属機関等が変更箇所を訂正し，押印すること。
In cases where descriptions have changed after filling in this application form up until submission of this application, the organization must correct the part concerned and press its seal on the correction.

【図表 62　在留資格変更許可申請書（経営管理）-1】

別記第三十号様式（第二十条関係）
申請人等作成用 1
For applicant, part 1

日本国政府法務省
Ministry of Justice,Government of Japan

在留資格変更許可申請書
APPLICATION FOR CHANGE OF STATUS OF RESIDENCE

写真
Photo
40mm × 30mm

法務大臣殿
To the Minister of Justice

出入国管理及び難民認定法第20条第2項の規定に基づき，次のとおり在留資格の変更を申請します。
Pursuant to the provisions of Paragraph 2 of Article 20 of the Immigration Control and Refugee Recognition Act, I hereby apply for a change of status of residence.

1 国籍・地域 Nationality/Region ＿＿＿＿　2 生年月日 Date of birth ＿＿ 年 Year ＿ 月 Month ＿ 日 Day

3 氏名 Name ＿＿＿＿ Family name → Given name

4 性別 Sex 男・女 Male/Female　5 出生地 Place of birth ＿＿＿＿　6 配偶者の有無 Marital status 有・無 Married / Single

7 職業 Occupation ＿＿＿＿　8 本国における居住地 Home town/city ＿＿＿＿

9 住居地 Address in Japan ＿＿＿＿

電話番号 Telephone No. ＿＿＿＿　携帯電話番号 Cellular phone No. ＿＿＿＿

10 旅券 Passport (1)番号 Number ＿＿＿＿　(2)有効期限 Date of expiration ＿＿ 年 Year ＿ 月 Month ＿ 日 Day

11 現に有する在留資格 Status of residence ＿＿＿＿　在留期間 Period of stay ＿＿＿＿

在留期間の満了日 Date of expiration ＿＿ 年 Year ＿ 月 Month ＿ 日 Day

12 在留カード番号 Residence card number ＿＿＿＿

13 希望する在留資格 Desired status of residence ＿＿＿＿

在留期間 Period of stay ＿＿＿＿　（審査の結果によって希望の期間とならない場合があります。）(It may not be as desired after examination.)

14 変更の理由 Reason for change of status of residence ＿＿＿＿

15 犯罪を理由とする処分を受けたことの有無（日本国外におけるものを含む。） Criminal record (in Japan / overseas)
有（具体的内容 Yes (Detail: ＿＿＿＿ ）・無) / No

16 在日親族(父・母・配偶者・子・兄弟姉妹など)及び同居者
Family in Japan(Father, Mother, Spouse, Son, Daughter, Brother, Sister or others) or co-residents
有（「有」の場合は，以下の欄に在日親族及び同居者を記入してください。）・無
Yes (If yes, please fill in your family members in Japan and co-residents in the following columns) / No

続柄 Relationship	氏名 Name	生年月日 Date of birth	国籍・地域 Nationality/Region	同居の有無 Residing with applicant or not	勤務先名称・通学先名称 Place of employment/ school	在留カード番号 特別永住者証明書番号 Residence card number Special Permanent Resident Certificate number
				有・無 Yes / No		
				有・無 Yes / No		
				有・無 Yes / No		
				有・無 Yes / No		
				有・無 Yes / No		
				有・無 Yes / No		

※ 3について，有効な旅券を所持する場合は，旅券の身分事項ページのとおりに記載してください。
Regarding item 3, if you possess your valid passport, please fill in your name as shown in the passport.
16については，記載欄が不足する場合は別紙に記入して添付すること。なお,「研修」,「技能実習」に係る申請の場合は，「在日親族」のみ記載してください。
Regarding item 16, if there is not enough space in the given columns to write in all of your family in Japan, fill in and attach a separate sheet.
In addition, take note that you are only required to fill in your family members in Japan for applications pertaining to "Trainee" or "Technical Intern Training".

（注）裏面参照の上，申請に必要な書類を作成して下さい。 Note : Please fill in forms required for application. (See notes on reverse side.)

【図表62　在留資格変更許可申請書（経営管理）-2】

申請人等作成用２　M（「高度専門職（1号ハ）」・「高度専門職（2号）」・「経営・管理」）（変更申請の場合のみ）　　在留期間更新・在留資格変更用 For extension or change of status

For applicant, part 2 M ("Highly Skilled Professional(i)(c)" / "Highly Skilled Professional(ii)" (only in cases of change of status) / "Business Manager")

17 勤務先 Place of employment　※ (2)及び(3)については，主たる勤務場所の所在地及び電話番号を記載すること。For sub-items (2) and (3), give the address and telephone number of your principal place of employment.

(1)名称 Name ＿＿＿＿＿＿　支店・事業所名 Name of branch ＿＿＿＿＿＿

(2)所在地 Address ＿＿＿＿＿＿　(3)電話番号 Telephone No. ＿＿＿＿＿＿

18 最終学歴 Education (last school or institution)

□ 大学院（博士）Doctor　□ 大学院（修士）Master　□ 大学 Bachelor　□ 短期大学 Junior college　□ 専門学校 College of technology

□ 高等学校 High school　□ 中学校 Junior high school　□ その他（　　　） Others

(1)学校名 Name of school ＿＿＿＿＿＿　(2)卒業年月日 Date of graduation ＿＿ 年 Year ＿＿ 月 Month ＿＿ 日 Day

19 専攻・専門分野 Major field of study

（18で大学院（博士）～短期大学の場合）(Check one of the followings when your answer to the question 18 is from doctor to junior college)

□ 法学 Law　□ 経済学 Economics　□ 政治学 Politics　□ 商学 Commercial science　□ 経営学 Business administration　□ 文学 Literature

□ 語学 Linguistics　□ 社会学 Sociology　□ 歴史学 History　□ 心理学 Psychology　□ 教育学 Education　□ 芸術学 Science of art

□ その他人文・社会科学（　　　） Others(cultural / social science)　□ 理学 Science　□ 化学 Chemistry　□ 工学 Engineering

□ 農学 Agriculture　□ 水産学 Fisheries　□ 薬学 Pharmacy　□ 医学 Medicine　□ 歯学 Dentistry

□ その他自然科学（　　　） Others(natural science)　□ 体育学 Sports science　□ その他（　　　） Others

（18で専門学校の場合）(Check one of the followings when your answer to the question 18 is college of technology)

□ 工業 Engineering　□ 農業 Agriculture　□ 医療・衛生 Medical services / Hygienics　□ 教育・社会福祉 Education / Social Welfare　□ 法律 Law

□ 商業実務 Practical Commercial Business　□ 服飾・家政 Dress design / Home economics　□ 文化・教養 Culture / Education　□ その他（　　　） Others

20 事業の経営又は管理についての実務経験年数 Experiences of operating or managing the business ＿＿＿＿ 年 Year(s)

21 職歴 Employment history

入社 Date of joining the company 年 Year	月 Month	退社 Date of leaving the company 年 Year	月 Month	勤務先名称 Place of employment	入社 Date of joining the company 年 Year	月 Month	退社 Date of leaving the company 年 Year	月 Month	勤務先名称 Place of employment

22 代理人（法定代理人による申請の場合に記入） Legal representative (in case of legal representative)

(1)氏名 Name ＿＿＿＿＿＿　(2)本人との関係 Relationship with the applicant ＿＿＿＿＿＿

(3)住所 Address ＿＿＿＿＿＿

電話番号 Telephone No. ＿＿＿＿＿＿　携帯電話番号 Cellular Phone No. ＿＿＿＿＿＿

以上の記載内容は事実と相違ありません。I hereby declare that the statement given above is true and correct.

申請人（法定代理人）の署名／申請書作成年月日 Signature of the applicant (legal representative) / Date of filling in this form

年 Year　月 Month　日 Day

注意 申請書作成後申請までに記載内容に変更が生じた場合，申請人（法定代理人）が変更箇所を訂正し，署名すること。Attention　In cases where descriptions have changed after filling in this application form up until submission of this application, the applicant (legal representative) must correct the part concerned and sign their name.

※ 取次者 Agent or other authorized person

(1)氏名 Name ＿＿＿＿＿＿　(2)住所 Address ＿＿＿＿＿＿

(3)所属機関等（親族等については，本人との関係） Organization to which the agent belongs (in case of a relative, relationship with the applicant)　電話番号 Telephone No.

＿＿＿＿＿＿　＿＿＿＿＿＿

【図表 62　在留資格変更許可申請書（経営管理）-3】

所属機関等作成用 1　M （「高度専門職（1号ハ）」・「高度専門職（2号）」・「経営・管理」）（変更申請の場合のみ） 在留期間更新・在留資格変更用
For extension or change of status
For organization, part 1 M ("Highly Skilled Professional(i)(c)" / "Highly Skilled Professional(ii)" (only in cases of change of status) / "Business Manager"

1　経営を行い又は管理に従事する外国人の氏名及び在留カード番号
Name and residence card number of foreign national who is to engage in management of business
(1)氏 名 Name ＿＿＿＿＿＿　(2)在留カード番号 Residence card number ＿＿＿＿＿＿

2　勤務先　Place of work
※(5)及び(10)については，主たる勤務場所について記載すること。 For sub-items (5) and (10) give the address and telephone number of employees of your principal place of employment.
※非営利法人の場合は(6)～(9)の記載は不要。 In cases of a nonprofit corporation, you are not required to fill in sub-items (6) to (9).

(1)名称 Name ＿＿＿＿＿＿　(2)法人番号(13桁) Corporation no. (combination of 13 numbers and letters) □□□□□□□□□□□□□

(3)支店・事業所名 Name of branch ＿＿＿＿＿＿

(4)事業内容　Type of work
○主たる事業内容を以下から選択して番号を記入(1つのみ) □
Select the main business type from below and write the corresponding number (select only one)
○他に事業内容があれば以下から選択して番号を記入(複数選択可)
If there are other business types, select from below and write the corresponding number (multiple answers possible) ＿＿＿＿

製造業 Manufacturing 【 ①食料品 Food products　②繊維工業 Textile industry　③プラスチック製品 Plastic products　④金属製品 Metal products
⑤生産用機械器具 Industrial machinery and equipment　⑥電気機械器具 Electrical machinery and equipment　⑦輸送用機械器具 Transportationmachinery and equipment　⑧その他（　　） Others 】

卸売業 Wholesale 【 ⑨各種商品(総合商社等) Various products (general trading company, etc.)　⑩繊維・衣服等 Textile, clothing, etc.　⑪飲食料品 Food and beverages
⑫建築材料，鉱物・金属材料等 Building materials, mineral and metal materials etc.　⑬機械器具 Machinery and equipment　⑭その他（　　） Others 】

小売業 Retail 【 ⑮各種商品 Various products　⑯織物・衣服・身の回り品 Fabric, clothing, personal belongings
⑰飲食料品(コンビニエンスストア等) Food and beverages (convenience store, etc.)　⑱機械器具小売業 Machinery and equipment retailing　⑲その他（　　） Others 】

学術研究，専門・技術サービス業　Academic research, specialized / technical services
【 ⑳学術・開発研究機関 Academic research, specialized / technical service industry　㉑専門サービス業(他に分類されないもの) Specialized service industry (not categorized elsewhere)
㉒広告業 Advertising industry　㉓技術サービス業(他に分類されないもの) Technical service industry (not categorized elsewhere) 】

医療・福祉業 Medical / welfare services 【 ㉔医療業 Medical industry　㉕保健衛生 Health and hygiene　㉖社会保険・社会福祉・介護事業 Social insurance / social welfare / nursing care 】

㉗農林業 Agriculture　㉘漁業 Fishery　㉙鉱業，採石業，砂利採取業 Mining, quarrying, gravel extraction　㉚建設業 Construction　㉛電気・ガス・熱供給・水道業 Electricity, gas, heat supply, water supply
㉜情報通信業 Information and communication industry　㉝運輸・信書便事業 Transportation and correspondence　㉞金融・保険業 Finance / insurance　㉟不動産・物品賃貸業 Real estate / rental goods
㊱宿泊業 Accommodation　㊲飲食サービス業 Food and beverage service industry　㊳生活関連サービス(理容・美容等)・娯楽業 Lifestyle-related services (barber / beauty, etc.) / entertainment industry
㊴学校教育 School education　㊵その他の教育，学習支援業 Other education, learning support industry　㊶職業紹介・労働者派遣業 Employment placement / worker dispatch industry
㊷複合サービス事業(郵便局，農林水産業協同組合，事業協同組合(他に分類されないもの)) Combined services (post office, agriculture, forestry and fisheries cooperative association, business cooperative (not categorized elsewhere))
㊸その他の事業サービス業(速記・ワープロ入力・複写業，建物サービス業，警備業等) Other business services (shorthand / word processing / copying, building services, security business, etc.)
㊹その他のサービス業（　　） Other service industries　㊺宗教 Religion　㊻公務(他に分類されないもの) Public service (not categorized elsewhere)
㊼分類不能の産業（　　） Unclassifiable industry

【図表 62　在留資格変更許可申請書（経営管理）-4】

所属機関等作成用 2　M（「高度専門職（1号ハ）」・「高度専門職（2号）」・「経営・管理」）（変更申請の場合のみ）　在留期間更新・在留資格変更用 For extension or change of status

For organization, part 2 M ("Highly Skilled Professional(i)(c)" / "Highly Skilled Professional(ii)" (only in cases of change of status) / "Business Manager"

(5)所在地 Address ＿＿＿＿＿＿

電話番号 Telephone No. ＿＿＿＿＿＿

(6)資本金 Capital ＿＿＿＿＿＿ 円 Yen　(7)年間売上高(直近年度) Annual sales (latest year) ＿＿＿＿＿＿ 円 Yen

(8)法人税納付額 Amount of corporate income tax ＿＿＿＿＿＿ 円 Yen　(9)申請人の投資額 Amount of applicant's investment ＿＿＿＿＿＿ 円 Yen

(10)常勤従業員数 Number of full-time employees ＿＿＿＿＿＿ 名　(申請人が経営を開始する場合にのみ記載) (To be filled in only, if the applicant is to commence management of business)

(うち日本人，特別永住者又は「永住者」，「日本人の配偶者等」，「永住者の配偶者等」若しくは「定住者」の在留資格を有する者)

(Number of Japanese, Special Permanent Resident or foreign nationals who have the status of residence "Permanent Resident", "Spouse or Child of Japanese National", "Spouse or Child of Permanent Resident" and "Long Term Resident" among all full-time employees.) ＿＿＿＿＿＿ 名

3 活動内容 Type of work

□ 経営者(例:企業の社長，取締役) Executive (ex. President, director of a company)　□ 管理者(例:企業の部長) Manager (ex. Division head of a company)

4 就労予定期間 Period of work ＿＿ 年 Year ＿＿ 月 Month　(申請人が管理者の場合にのみ記載) (Only fill in this section if the applicant is an administrator)

5 給与・報酬(税引き前の支払額) Salary/Reward (amount of payment before taxes) ＿＿＿＿＿＿ 円 Yen（□ 年額 Annual　□ 月額 Monthly）

6 職務上の地位(役職名) Position(Title) ＿＿＿＿＿＿

7 事業所の状況 Office

(1)面積 Area ＿＿＿＿ ㎡　(2)保有の形態 Type of possession　□ 保有 Ownership　□ 賃貸(家賃／月) Lease (rent / month) ＿＿＿＿＿＿ 円 Yen

以上の記載内容は事実と相違ありません。 I hereby declare that the statement given above is true and correct.

勤務先又は所属機関名，代表者氏名の記名及び押印／申請書作成年月日

Name of the organization and representative, and official seal of the organization ／ Date of filling in this form

印 Seal　　年 Year　月 Month　日 Day

注意 Attention

申請書作成後申請までに記載内容に変更が生じた場合，所属機関等が変更箇所を訂正し，押印すること。

In cases where descriptions have changed after filling in this application form up until submission of this application, the organization must correct the part concerned and press its seal on the correction.

著者略歴

小島 健太郎（こじま けんたろう）

さむらい行政書士法人　代表社員。

福島県会津市出身。1979 年生まれ。桜美林大学文学部英語英米文学科卒業。

行政書士・出入国在留管理局申請取次行政書士。東京都行政書士会所属。さむらい行政書士法人代表社員。

専門分野：在留資格・VISA・帰化

アジア諸国・欧米など各国出身の外国人の法的手続を支援している。外国人を雇用するにあたっては、企業側は就労ビザの観点からも適法に就労可能なのか予測した上で内定を出すべきであり、在留資格の観点から就労ができない外国人を採用しても大きなトラブルになってしまう。外国人雇用に伴う就労ビザの「許可」というお客様の満足のために、日々専門知識を駆使し、結果を出すことにこだわっている。日本のグローバル化を支援するのがミッション。お客様に言われてうれしかったことは、「小島さんのおかげで許可が取れました！」。年間無料相談実績 1,000 名以上。

外国人の在留資格・VISA・帰化、対日投資手続を専門に扱う。専門性の高いコンサルティングにより高い信頼を得ている。

さむらい行政書士法人 HP　http://www.samurai-law.com

外国人のビザ申請に関しては、情報提供と代行サービス紹介サイト「外国人ビザ申請センター」http://www.uenoviza.com を運営。

改訂版　必ず取れる就労ビザ！　外国人雇用ガイド

2016 年 3 月 25 日　初版発行
2020 年 4 月 10 日　改訂版発行　　2024 年 4 月 17 日　改訂版第 2 刷発行

著　者　小島　健太郎　©Kentaro Kojima
発行人　森　　忠順
発行所　株式会社 セルバ出版
〒 113-0034
東京都文京区湯島 1 丁目 12 番 6 号 高関ビル 5 B
☎ 03（5812）1178　　FAX 03（5812）1188
http://www.seluba.co.jp/
発　売　株式会社 創英社／三省堂書店
〒 101-0051
東京都千代田区神田神保町 1 丁目 1 番地
☎ 03（3291）2295　　FAX 03（3292）7687

印刷・製本　株式会社丸井工文社

Printed in JAPAN
ISBN978-4-86367-567-4